Mode Grafik

ein Lehr- und Fachbuch
für Mode-Fach-Hochschulen, Akademien
und zum Selbststudium

FASHION ILLUSTRATION
a Technical and Textbook
for Fashion Colleges, Academies
and Self-study

Bechtermünz Verlag

Genehmigte Lizenzausgabe für
Weltbild Verlag GmbH, Augsburg 1998

Umschlaggestaltung: Erwin Wollenschläger, Augsburg
Gesamtherstellung: Appl, Wemding
Printed in Germany
ISBN 3-86047-711-0

The road to success

In 1932 I founded my fashion school, which has acquired international renown, in Frankfurt. Until 1970 more than 30,000 students were trained here, many of whom have moved into top positions which provide them with excellent salaries as well as deep personal satisfaction.

I am absolutely aware of the high demands placed on fashion artists by manufacturers, publishers and advertising agencies. Creative imagination linked with perfect drawing skills has always been given high credits and best pay.

According to my experience there is a lack of aids for the self-study of fashion illustration. For this reason I decided to publish this book which is aimed toward all those involved in the fashion business. The proficient instructions and multitude of exemplary drawings are intended as a tool for the self-study of fashion illustration for ready-to-wear and haute couture, or as a source of inspiration and an aid for students of fashion schools.

This book also addresses commercial artists and advertising specialists wishing to learn more about fashion illustration or to perfect their skills herein since fashion sketches play an increasingly important role in advertising because they allow more freedom for its visual and artistic aspects. In these progressive, dynamic times advertising is everything! Those who work or wish to work in this field enjoy innumerable creative opportunities if they are equipped with various skills. Among these skills is fashion illustration, which a thorough study of this book imparts. Existing talents can be fully developed, thus giving students the opportunity to acquire a successful job as a fashion or commercial artist.

Fashion school instructors may use this book as a competent and versatile basis for their courses.

Despite the rigid exactness strived for in fashion illustration, it is my concern to underscore imagination and creative freedom.

In this sense the numerous works of contemporary fashion artists in this book are meant as a source of encouragement and inspiration to all readers.

I wish you good luck and professional fulfilment.

Der Weg zum Erfolg!

1932 gründete ich meine Mode-Fachschule in Frankfurt am Main, die sich internationalen guten Ruf erworben hat.

Bis 1970 wurden in dieser Schule mehr als 30000 Schüler ausgebildet, die sich inzwischen teilweise in Spitzenpositionen befinden und damit ihren Berufsweg auf eine ausgezeichnete finanzielle Basis gestellt, sowie innere Befriedigung gefunden haben.

Ich weiß aber auch von den Anforderungen, die Industrie, Verlage und Werbeagenturen an Modeschaffende stellen. Am besten honoriert wurde immer wieder gestalterische Phantasie, verbunden mit perfektem zeichnerischem Können.

Indessen mußte ich immer wieder die Erfahrung machen, daß auf dem Gebiet des Selbststudiums der Modegrafik eine Lücke besteht. Deshalb habe ich mich entschlossen, dieses Buch herauszugeben, das mit seinen fachkundigen Anleitungen und vielen zeichnerischen Beispielen für alle mit der Mode Beschäftigten geschaffen wurde – sei es zum Selbststudium in Modezeichnen für Konfektion und Haute Couture, sei es als begleitende Anregung und Hilfe für Studierende der Mode-Fach-Hochschulen.

Auch für Werbegrafiker und Werbefachleute ist dieses Buch bestimmt, die sich Kenntnisse auf dem Gebiet der Modegrafik aneignen müssen oder die sich auf dem Gebiet des künstlerischen Modezeichnens vervollkommnen wollen, denn in der Anzeigengestaltung für die Werbung wird wieder mehr mit modegrafischen Zeichnungen gearbeitet, weil damit der künstlerisch-optischen Gestaltung der Anzeigen mehr Spielraum gegeben werden kann. Werbung ist in unserer dynamischen, stürmisch vorwärtsstrebenden Zeit alles! Wer in der Werbung beschäftigt ist oder danach strebt, dem bieten sich unendlich viele Möglichkeiten der Entfaltung, wenn er vielseitige Kenntnisse mitbringt. Hierzu gehört nicht zuletzt das modegrafische Zeichnen, das dieses Buch nach sorgfältigem Studium vermittelt. Es entfaltet vorhandene Begabungen und ebnet den Weg des Mode- und Werbegrafikers zum Erfolg.

Für die Lehrkräfte an Mode-Fach-Hochschulen stellt dieses Buch eine fachgerechte und vielseitige Grundlage für ihren Unterricht dar.

Bei aller angestrebten Genauigkeit und Klarheit der Modegrafik ist es mir ein Anliegen, der Phantasie und schöpferischen Freiheit einen möglichst großen Raum zu lassen. Hierzu sollen die zahlreichen Beispiele von zeitgenössischen Modegrafikern in diesem Buch anregen.

Ich wünsche Ihnen Glück und berufliche Erfüllung.

A.L. Arnold

About the author and publisher Alois Leopold Arnold

Alois Leopold Arnold was born in 1901 near Herrsching on Lake Ammersee. His father was a cooper. Arnold, forced to learn the same trade, attended a trade school and received his master craftsman certificate.

His actual wish to become a sculptor remained unfulfilled. Yet, he spent all his free time at the studio of a local wood sculptor.

Arnold also developed an early interest in fashion. His sister, a seamstress, valued his expert opinion on her work. Moreover, he added fashionable "touches" to his suits, not always to the approval of his parents.

Nevertheless, it was a long road until he could work in the profession which most suited his interests and talents. At the age of 21 he dared to move to Munich where he worked as head of marketing for the German Pattern Cutters Association. In this capacity he visited all major German cities for the Men's and Women's Tailors Association and the Office of Skilled Trades. Together with 12 teachers he developed the curriculum for courses in layout and cutting which were to serve as preparation for the master craftsman exams. Concurrently, he was responsible for the distribution of the Association's journal, published monthly, and various textbooks on pattern cutting techniques.

Two years later the Association sent him to Frankfurt where he quickly carried out his wish to become self-employed. Together with teacher and director Georg Welker, he established his „Private Pattern Cutting School" on April 1, 1932 in the heart of the city, near the Hauptwache.

Four rooms, in which distinguished young ladies used to learn poems, vocabulary and etiquette, now served as a school for aspiring fashion cutters. Strange tools such as triangles and tape measures became the keys to their future. The curriculum consisted of measuring, pattern drawing, fitting as well as lectures on fashion styles and practical classes in modeling and model sketching. The classes became increasingly popular so that Alois Arnold had to continue expanding his class room space until he had taken over one whole floor of the building.

In 1939 this continuous expansion was abruptly stopped. As it did thousands of others, the Second World War also destroyed Alois Arnold's enterprise. He had to serve in the army 5 years and his school fell victim to the bombings which devastated the old city of Frankfurt.

In 1945, upon his return from the war, Alois Arnold was confronted with the rubble in the streets and his shattered career.

With the unshakable will to rebuild typical for the war-torn generation, Alois Arnold found a new building in Frankfurt that was not totally destroyed. In two improvised rooms in Steinweg 9 he began anew.

An abundance of young women and men from all over Germany began pouring into his classes. Due to the lack of space in war-ravaged Frankfurt, Alois Arnold rented Count Görtz's castle "Marienhöhe" in Königstein in the Taunus. Surrounded by beautiful crystal chandeliers and impressive still lives a bustling industriousness developed. Since living quarters were scarce, it was especially fortunate that teachers and employees found accomodation here in the castle, which became a branch office of the Frankfurt Cutting School.

Here, together with his students, Alois Arnold produced the first fashion show in post-war Germany, an event which attracted much attention after years of extreme hardship. VIPs from finance and politics enjoyed the show in the brilliant surroundings. It received much press, for instance the "Frankfurter Neue Presse" published the following headline on February 4, 1948: "Fashion Disciples in Royal Palace".

Going one step further, Alois Arnold organized "travelling cutting schools" as well as special sketching and pattern drawing seminars for manufacturers of women's and men's wear. Everything was scarce during those years but the desire for knowledge knew no limits.

After the currency reform in 1948 Alois Arnold once again expanded his school by moving into the Große Friedberger Straße in Frankfurt.

"Viel Wissen hat Ehr', aber viel Können noch mehr" ("In knowledge lies dignity, in ability lies more") was the motto printed on the first brochure of "Arnold's Private Fashion and Cutting School". True to this motto, the school's director was filled with the ambition to offer students semester courses which provided them with as much knowledge as possible, developed their taste and feeling for colors and proportions, and enabled them to draw fashion sketches as well as to model their own creations.

In 1952 the company's journal "Die Directrice" was published, which addressed employees in the fashion trade with spezialized articles and reported on fashion trends and novelties.

At the same time Alois Arnold expanded his pattern publishing company. From draft to cellophane wrapping, the campany's own graphics and printing department produced the famous "Arnold Cutting Patterns" sold at numerous retailers and department stores. The pattern catalogs were very impressive due to their appealing layout and the exact and elegant design representations.

In 1970 the aging Alois Arnold sold his fashion school and publishing house to the Hamburg-based publisher Heinrich Bauer.

Those who believed the 69 year-old would spend his well-deserved retirement leisurely were proved wrong. His artistic ambitions, his love of nature and of his tournament horse, as well as his passion for horseback riding could not completely fill his time.

With untiring energy and idealism Alois Arnold insisted upon personally seeing to every detail of the book. His continuous strive for perfection did not always make things easy for those privileged to help in this project. But his creative and dynamic nature encouraged us and carried us on to our common goal.

E.A.

Über den Autor und Herausgeber Alois Leopold Arnold

Alois Leopold Arnold wurde 1901 als Sohn des Schäfflermeisters Erasmus Arnold bei Herrsching am Ammersee geboren.

Auch der junge Alois mußte auf Wunsch des Vaters dieses alte Handwerk erlernen und erwarb bei gleichzeitigem Besuch der Handelsschule den Meisterbrief.

Seinen eigentlichen Berufswunsch, Bildhauer zu werden, konnte er somit nicht verwirklichen. Jede freie Minute verbrachte er jedoch bei einem Holzbildhauer seines Heimatortes.

Auch für Mode zeigte der junge Arnold schon in früher Jugend bereits erstes Interesse. Seine ältere Schwester, die als Schneiderin arbeitete, holte ihn als sachverständigen Kritiker zu ihren Anproben. Auch verlieh er seinen Anzügen selbst modischen Schick, nicht immer zur Freude seiner Eltern.

Dennoch war es noch ein langer Weg, bis er den Beruf ergreifen konnte, der seinen Neigungen und seinem Talent entsprach. Mit 21 Jahren wagte er den Sprung in die Großstadt München, wo er für den Deutschen Zuschneideverband als Werbeleiter tätig wurde. In dieser Eigenschaft bereiste er alle großen Städte Deutschlands, um in Zusammenarbeit mit der Handwerkskammer und der Damen- und Herrenschneiderinnung durch 12 Lehrkräfte Zuschneiderlehrgänge zusammenstellen zu lassen, die auch der Vorbereitung für die Meisterprüfung dienten. Gleichzeitig leitete er den Vertrieb der monatlich erscheinenden Verbands-Fachzeitschrift und der Fachbücher über Zuschneidetechnik.

Zwei Jahre später sandte ihn der Verband nach Frankfurt am Main. Hier dauerte es nicht lange, bis er sein Streben nach Selbständigkeit in die Tat umsetzte. Im Herzen Frankfurts, an der Hauptwache, gründete Alois Arnold am 1. April 1932 seine „Private Zuschneideschule" zusammen mit dem Fachlehrer und Schulleiter Georg Welker.

In vier Räumen, in denen einst „Höheren Töchtern" Gedichte, Vokabeln und gutes Benehmen beigebracht wurde, beugten sich jetzt Gesellen des Damen- und Herrenschneiderhandwerks mit Dreieckswinkel und Metermaß über die Zeichentische, um in die Hohe Kunst des Zuschneidens eingeführt zu werden. Auf dem Stundenplan standen sowohl Maßnehmen und Schnittzeichnen, Anproben und Ändern, als auch Vorträge über Modestilarten und praktische Übungen in Modellieren und Modellzeichnen. Die Kurse erfreuten sich wachsender Beliebtheit, so daß Alois Arnold seine Unterrichtsräume ständig erweitern mußte, bis diese ein ganzes Stockwerk des Hauses an der Hauptwache einnahmen.

1939 wurde dieser stetige Aufwärtstrend jäh gebremst. Der 2. Weltkrieg zerstörte – wie Tausende andere – auch dieses Unternehmen. Alois Arnold mußte als Soldat 5 Jahre Dienst tun; die Schulräume wurden ein Opfer der Bombenangriffe, die die alte Reichsstadt Frankfurt in Schutt und Asche legten.

1945 stand der heimgekehrte Alois Arnold vor diesen Trümmern – auch denen seiner beruflichen Existenz.

Mit dem unerschütterlichen Aufbauwillen seiner kriegsgebeutelten Generation fand Alois Arnold im Steinweg 9 der zerbombten Stadt ein halbwegs erhalten gebliebenes Haus und begann in zwei provisorisch eingerichteten Unterrichtsräumen wieder ganz von vorn.

Der Zulauf von jungen Damen und Herren aus ganz Deutschland begann. Als im zerstörten Frankfurt die Raumnot zu groß wurde, mietete Alois Arnold in Königstein im Taunus das Schlößchen „Marienhöhe" des Grafen Görtz. Zwischen Kristall-Lüstern und gewaltigen Stilleben entfaltete sich bald eine rege Geschäftigkeit. Es entstand eine Zweigstelle der Frankfurter Zuschneideschule und – welch ein Glücksfall bei der herrschenden Wohnungsnot – Lehrkräfte und Angestellte konnten im Schloß wohnen.

Hier startete Alois Arnold mit seinen Schülern 1948 die erste Modenschau im Nachkriegsdeutschland, ein Ereignis, das nach den entbehrungsreichen Jahren viel Beachtung fand. Prominenz aus Wirtschaft und Politik genossen die Vorführungen auf dem Laufsteg in glanzvollem Rahmen und die Presse berichtete darüber, u.a. die „Frankfurter Neue Presse" am 4. Februar 1948 unter der Überschrift: „Modejünger im Adelspalais".

Zusätzlich organisierte Alois Arnold „wandernde Zuschneidelehrgänge" und bot Sonderkurse in Skizzieren und Schnittaufstellung für Betriebe der Damen- und Herrenbekleidung an. Es fehlte in diesen Jahren an allem, aber der Drang nach Wissen, und der Wunsch zu lernen war größer denn je.

Wieder verbesserte Alois Arnold nach der Währungsreform 1948 die beengte Raumsituation durch einen Umzug in die Große Friedberger Straße in Frankfurt.

„Viel Wissen hat Ehr', aber viel Können noch mehr" stand als Leitmotiv auf dem allerersten Prospekt der „Privaten Mode- und Zuschneideschule Arnold". Getreu diesem Motto und getragen von dem Wunsch, den Schülern in Semesterlehrgängen den größtmöglichen Umfang an Fachwissen zu vermitteln, guten Geschmack und Gefühl für Farben und Proportionen zu entwickeln, eine Modeskizze anzufertigen, ja das Modell selbst vorführen zu können, soweit ging der Ehrgeiz des Leiters dieser Schule.

1952 erschien die verlagseigene Zeitschrift „Die Directrice", die sich in fachbezogenen Artikeln an die Beschäftigten in Modeindustrie und -handwerk wandte und über die aktuellen Modetrends unterrichtete.

Gleichzeitig baute Alois Arnold seinen Schnittmusterverlag weiter aus. In eigener Grafischer-, Offsetdruck- und Reproabteilung stellte man die nunmehr in zahllosen Verkaufsstellen und in großen Warenhäusern erhältlichen „Arnold-Schnitte" – vom Entwurf bis zur Cellophanverpackung – her. Die Schnittmusterkataloge bestachen durch ihre ansprechende Aufmachung und ihre exakten, eleganten Modelldarstellungen.

1970 verkaufte Alois Arnold aus Altersgründen die Modefachschule und den Modeverlag an den Heinrich Bauer Verlag, Hamburg.

Wer nun glaubt, daß der 69-jährige Alois Arnold seinen wohlverdienten Ruhestand mit Müßiggang gleichsetzt, sieht sich eines Besseren belehrt. Auch seine künstlerischen Ambitionen, seine Liebe zur Natur und zu seinem Turnierpferd, seine Reitleidenschaft, die er bis ins hohe Alter pflegte, konnten ihn nicht ausfüllen.

Mit ungebrochenem Idealismus und Elan scheute Alois Arnold keine Mühen, sich um jedes Detail dieses Buches selbst zu kümmern. Denen, die an diesem Buch mitgearbeitet haben, hat er es mit seinem Streben nach Perfektion nicht immer leicht gemacht. Aber sein Ideenreichtum und sein fundierter Sachverstand waren für alle immer wieder Ansporn und Verpflichtung, ihr Bestes zu geben für das gemeinsame Ziel.

E. A.

Fashion: a mirror of society

High Renaissance (past 1500).

Hochrenaissance (um die Zeit nach 1500).

Late Baroque under Louis XIV. (approx. 1700).

Spätbarock zur Zeit Ludwigs des XIV. (um 1700).

Parish Institute of Costume Research, Munich · Kostümforschungsinstitut von Parish, München

Whenever one thinks about fashion one must pay regard to people and their environment. Man and fashion, clothes and people are inseparable. Various fashion phenomena in different historical epochs not only mirrored the tastes of the time, – more importantly, they testified to predominant economic, ideological, cultural and political conditions. A change of those conditions and, consequently, of people's lives automatically resulted in a change of fashion.

Fashion styles are not only a testimony to the historical times in which they were eminent. What's more, various co-existing social groups used, and continue to use, fashion as an instrument to distinguish themselves from one another. According to class, status, position, age and sex fashion symbols differ. In the past these visual distinctions were supported by prohibitions, such as rigid dress codes. Today different price categories, brand labels and tastes fulfil the same function.

The German term for "fashion", "Mode", is derived from the Latin "modus" meaning "the manner or way in which things are". This definition shows that fashion not only relates to dress norms, but in fact influences society, with its plethora of life styles and behaviors, as a whole. Our emphasis, however, shall be on the way in which clothing has changed throughout history. Fashion illustration, of course, as it reflects the fashion and culture of a period, is also subject to perpetual change.

In Greek and Roman times the way people dressed changed only minimally. Since fashion's main characteristic – perpetual change – was lacking, fashion, as we define it, was nonexistent. It was not before the Middle Ages that a constant change in dress habits could be detected. During those times political capitals became fashion meccas. Fashion emanated from royal courts and was almost exclusively conceived for the members of nobility. Dress codes, as issued by secular and spiritual leaders from antiquity up until the French Revolution, mostly referred to fabrics, styles and colors. Their function was partly to secure the privileges of higher social ranks and, on the other hand, to protect the poor from ostentatiously wasting the little they had on expensive fabrics, thereby becoming even more impoverished. The French Revolution brought decisive changes in society and fashion. After centuries of attempting to copy the courtier's style, the rising middle classes now became fashion trend-setters. Interestingly, since then particularly men have refrained from displaying their handsomeness, preferring garments that are simple and functional, suitable to their everyday needs.

This is not true of women, for whom the accentuation of physical virtues by means of apparel was still the status quo. Women continued to comply with changing, and partly contradictory, aesthetic ideals and fashion trends. After the French Revolution came the Empire's relaxed style which for a short period freed women from their stays – to be immediately followed by gruesome waspwaists as the beauty ideal of Victorian times. Restriction of movement climaxed in the Crinoline look of the 1850's and 1860's, not to mention the extremely norrow-cut hems of the so-called "hobble skirts" worn around 1910.

During the First World War women were forced to assume male responsibilities for the first time and this radically changed fashion. Up to this time dress codes had underscored women's passive role in society whereas now dresses became shorter and simpler, allowing more freedom of movement than most men thought good. This coming together of the sexes is aptly portrayed in the boyish "Garconette" look of the Twenties.

In subsequent decades fashion underwent continual changes. The "erotic female" with lush, voluptuous proportions was typical for the taste of the Fifties. In the Sixties the image of women and fashion was determined by the new generation of young consumers.

The Seventies for the first time saw the peaceful co-existence of several fashion styles and this tendency has become stronger ever since. Individual taste, financial position and social status lead to particular dress habits which in our pluralistic times are often revealing, "unclothing" the wearer. Today fashion still is a mirror of society, an unerring indicator of the individual's place within the social conglomerate.

Mode als Spiegel der Gesellschaft

Early English Empire (approx. 1800).

Frühes englisches Empire (um 1800).

"Twenties Style" (approx. 1928/29).

20er Jahre-Stil (um 1928/29).

Parish Institute of Costume Research, Munich · Kostümforschungsinstitut von Parish, München

Wer sich über Mode Gedanken macht, muß in diese Überlegungen die Menschen und deren jeweiliges Umfeld einschließen. Mensch und Mode, Kleider und Leute, gehören untrennbar zusammen. Die jeweiligen modischen Erscheinungen in den verschiedenen historischen Epochen waren nicht nur Spiegel des jeweiligen Zeitgeschmacks, sondern vor allem Ausdruck der vorherrschenden wirtschaftlichen, weltanschaulichen, kulturellen und politischen Bedingungen. Haben sich die Verhältnisse geändert und somit das Leben der Menschen, änderte sich auch die Mode.

Die Bekleidungsmode gibt uns nicht nur Auskunft über die historische Zeitspanne während der sie als richtungsweisend galt. Auch die parallel nebeneinander existierenden gesellschaftlichen Gruppen grenzten und grenzen sich durch ihren Bekleidungsstil voneinander ab. Je nach Klasse, Schicht, Stand, Alter und Geschlecht differieren auch die modischen Zeichen und Symbole. Früher wurden diese optischen Grenzen mit Verboten – wie Kleiderordnungen – abgesichert. Heute erfüllen verschiedene Preisklassen, Markennamen und Geschmacksunterschiede diese Funktion.

Mode kommt vom lateinischen „modus" und ist gleichbedeutend mit „Art und Weise". Hier wird deutlich, daß Mode nicht nur in Bezug auf die vorherrschenden Normen der Bekleidung zu sehen ist. Vom modischen Wandel ist die gesamte Lebens- und Verhaltensweise einer Gesellschaft geprägt. Wir wollen uns hier jedoch nur dem Wandel der textilen Körperhülle im Laufe der Geschichte widmen. Natürlich ist auch die Modezeichnung als Ausdruck einer modischen, also auch kulturellen Gesinnung einer Zeit, der ständigen Veränderung unterworfen.

In der Antike änderte sich das Bekleidungsverhalten nur unwesentlich. Da die Hauptcharaktereigenschaften der Mode, nämlich der beständige Wandel, damals noch nicht erfüllt wurde, gab es in diesen Zeiten noch keine Mode. Erst im europäischen Mittelalter zeichnet sich eine stete Veränderung im Bekleidungsverhalten ab. Die Position eines Modemekkas hatten damals die Zentren der politischen Macht inne. Die Mode ging von den königlichen Höfen aus und war fast nur für den Adel bestimmt. Kleiderordnungen, die vom Altertum bis hin zur Französischen Revolution von geistlichen und weltlichen Obrigkeiten erlassen wurden und sich vor allem auf Materialien, aber auch auf Schnitt und Farbe bezogen, sicherten zum einen die Privilegien höherer Stände. Zum anderen wurde verhindert, daß gesellschaftlich Schwächere aus Prunksucht Unsummen für luxuriöse Stoffe ausgaben und verarmten. Noch heute legt der umgangssprachliche Begriff vom „Betuchtsein" Zeugnis von der Statussymbolik teurer Bekleidung ab.

Die französische Revolution brachte einschneidende gesellschaftliche und somit auch modische Veränderungen mit sich. Anstelle der jahrhundertealten Vorbildfunktionen des höfischen Stils bekam die Bekleidung des nun aufsteigenden Bürgertums Leitbildcharakter. Interessant ist, daß seitdem vor allem die Männer auf das Herausstellen ihrer Schönheit verzichten und eine Bekleidung tragen, die durch Eigenschaften wie schlicht, praktisch und einfach Raum läßt für persönliche und berufliche Aktivitäten.

Anders bei den Frauen, für die das Herausarbeiten ihrer körperlichen Vorzüge per Bekleidung immer noch maßgebend war. Das weibliche Geschlecht folgte daher weiterhin den sich verändernden, teilweise gegensätzlichsten ästhetischen Idealen und wechselnden Moden. Nach der Französischen Revolution kam kurz der lockere Stil des Empire, der die Frauen für kurze Zeit vom Korsett befreite, um dann wieder in die in der Taille aufs engste zusammengeschnürte Mode des Biedermeier zu münden. Gipfel der Bewegungseinschränkungen waren die unpraktisch weiten Röcke der Krinolinenmode der 1850er bis 1860er Jahre und die im Saum extrem schmal geschnittenen, sogenannten „Humpelröcke", die den Frauen um 1910 die Fortbewegung schwer machten.

Als die Frauen während des Ersten Weltkriegs zum ersten mal ihren „Mann stehen" mußten, änderte sich die Mode grundlegend. Waren die bestehenden Kleiderregeln bislang darauf bedacht, die Frau in ihrem gesellschaftlich passiven Zustand zu halten, wurden die Kleider jetzt kürzer, einfacher und zweckmäßiger und erlaubten dem weiblichen Geschlecht oft mehr Bewegungsfreiheit als den Männern lieb war. Die damalige Annäherung der Geschlechterrollen ist deutlich im Aufkommen der knabenhaft schlanken Garçonette der 20er Jahre dokumentiert.

Die folgenden Jahrzehnte brachten einen ständigen Wandel herrschender Moderichtungen. Das erotische Bild von der Frau mit schwellend-üppigen Formen prägte den Zeitgeschmack der 50er Jahre. In den 60er Jahren wurden Frauentyp und Mode erstmals von dem neuen „Konsumgott" Jugend bestimmt. Die 70er Jahre brachten erstmals das Existieren mehrerer Modestile nebeneinander. Diese Erscheinung hat sich bis heute verstärkt. Gut ist, was gefällt, heißt die modische Regel. Individueller Geschmack, Einkommens- und Vermögensstandard sowie der soziale Standort jedes Menschen führen zu einem jeweils eigenen Kleidungsstil, an dem man den Menschen in dieser pluralistischen Zeit oft sehr gut erkennen kann. Auch heute hat die Mode ihre Funktion als Spiegel der Gesellschaft und verräterisches Zeichen der Position des Individuums in diesem Gefüge behalten.

Contents

Inhaltsverzeichnis

Introduction

"I want to become a fashion artist" – how often have we heard this from young people!

It is a long, not always simple path to reach this goal and not all who try achieve it. For not only talent is required, but, more importantly, hard work, artistic skills and technical perfection. Moreover, the willingness to continually expand one's horizons is a prerequisite. A fine instinct for the continual changes in fashion and advertising is also important, for the artistic presentation must be adapted to every new trend.

"Can you draw well?" is a frequently asked question when a fashion designer, head cutter, pattern-maker, fashion editor or commercial artist applies for a job. The positive answer often comes too quickly and frequently the scope of the question is not recognized.

For "drawing well" means to see more and perceive things more intensely than others, to translate these perceptions from the third into the second dimension, from plastic forms into graphic lines. "Drawing well" means to capture and depict movements instantly, to idealize and stylize proportions.

"Fashion illustration" is the result of thorough nude studies, thousands of movement sketches, systematic practise in material sketching and of course, profound technical knowledge. There are two ways of achieving this goal, either by attending courses at a fashion school or through self-study. Ideally, both should complement each other.

This textbook is devoted to the field of self-study. It is based on the expertise of a former fashion school director and renowned fashion publisher. Its objective is to provide knowledge to students and autodidacts, to help them perfect artistic skills, revitalize and repeat long forgotten studies and possibly to commercialize a hobby. A variety of topics – nude drawing, movement studies, proportion work using female, male and child figures as well as examples of fashion and advertising art – present valuable information to beginners as well as to those who wish to pursue a career in the fashion or advertising industry.

Einleitung

„Ich will Modegrafiker werden". Wie oft hört man von jungen Menschen diesen Berufswunsch.

Es ist ein langer, nicht immer einfacher Weg bis zu diesem Ziel, und nicht jeder erreicht es. Denn nicht nur Begabung gehört dazu, sondern vor allem Fleiß, zeichnerisches Können und technische Perfektion. Auch die Bereitschaft, sich ständig weiterzuentwickeln, wird verlangt. Ausgeprägtes Fingerspitzengefühl für die ständige Wandlung in Mode und Werbung ist wichtige Voraussetzung, denn mit jeder neuen Tendenz verändert sich der Stil der zeichnerischen Präsentation.

„Können Sie gut zeichnen?" ist eine oft gestellte Frage, wenn sich eine Mode-Entwerferin, eine Direktrice oder ein Modellmacher, ein Moderedakteur oder eine -redakteurin, ein Designer oder Werbe-Grafiker vorstellt. Sie wird mitunter vorschnell bejaht, und oft wird die ganze Tragweite der Fragestellung nicht erkannt.

Denn „Zeichnen können" heißt mehr sehen und intensiver beobachten als andere, heißt, das Gesehene von der dritten in die zweite Dimension zu übersetzen, von der plastischen Form in die grafische Linie zu transformieren. „Zeichnen können" heißt Bewegung blitzschnell erfassen und darstellen, Proportionen idealisieren und stilisieren.

„Modezeichnen können" ist das Ergebnis intensiven Aktstudiums, tausendfacher Bewegungsskizzen, systematischer Übungen von Materialdarstellungen und – nicht zuletzt – die Frucht fachlichen Wissens um die Materie. Zu diesem Ergebnis führen zwei Wege: Zum einen der Zeichenunterricht an Modefachschulen, zum anderen das Selbststudium. Beide sollten sich ergänzen. Dem Selbststudium ist dieses Lehrbuch gewidmet. Es ist für Studierende und Autodidakten bestimmt. Es verwertet die langjährigen Erfahrungen des Leiters einer Modefachschule und Verlegers eines Mode-Fachverlages.

Um zeichnerisches Können zu vervollkommnen, lang vergessene Studien und Übungen zu revidieren und zu wiederholen, auch um eventuell ein Hobby zu kommerzialisieren, wurde dieses Lehrbuch für MODE-GRAFIK herausgegeben. Es soll mit seiner Vielfalt der Themen: Aktzeichnen, Bewegungsstudien, Materialdarstellungen, Modezeichnen nach dem Modell, Proportionsübungen bei Damen-, Herren- und Kinder-Figurinen bis hin zur Präsentation von Beispielen aus der Mode- und Werbegrafik eine Arbeitshilfe für Anfänger und Aspiranten in der Mode- und Werbe-Branche sein.

Nude drawing
Das Aktzeichnen

Nude drawing is an integral part of the basic training of every artist who wishes to portray the human figure.

Only a well-founded knowledge of the human body's motoric functions allows the artist to produce animated figures.

In fashion drawing you never stop learning, you continue practising throughout life. There are always new things to discover and understand. From time to time you will realize you have made some progress, sketches become more fluid, full of life.

The objective of the chapter "Nude Drawing" is to acquaint the student with the fundamental concepts of nude drawing.

A schematic division of the human body helps to develop an understanding of its proportions. A vertical line is drawn corresponding to the intended size of the figure. This line is divided into 8 equal sections of which the head makes up 1/8. First the vertical line is divided in the middle and the two halves are each again divided in the middle. These 4 sections are again divided in the middle producing 8 proportion lines for the drawing. Each of the 8 sections amounts to 1 head length. Normal figures are segmented into 7 or 8, fashion sketches sometimes into 9 head lengths. The figure at right shows how the body fits into these 8 sections. The head is egg shaped; the shoulders are three times the width of the head.

●

Das Aktzeichnen gehört zur Grundausbildung jedes Zeichners, der figürlich arbeiten will.

Nur eine gute Kenntnis der Bewegungsfunktion des menschlichen Körpers ermöglicht einem Zeichner, eine lebendige, figürliche Zeichnung aufs Papier zu bringen.

Man lernt auf diesem Gebiet nie aus. Man muß ein Leben lang üben. Immer wieder wird man neue Erkenntnisse sammeln und neue Entdeckungen machen können. Mit Freude wird man von Zeit zu Zeit feststellen, daß man vorangekommen ist, etwas dazu gelernt hat, die Zeichnungen flüssiger und lebendiger geworden sind.

Dieses Lehrbuch soll mit seinem Thema „Aktzeichnen" dazu dienen, sich mit den Grundlagen des Aktzeichnens vertraut zu machen.

Eine schematische Aufteilung des Körpers soll als erstes ein Gefühl für Körperproportionen vermitteln. Man beginnt damit, eine Senkrechte zu ziehen, die so lang sein muß, wie die Figur groß werden soll. Diese Senkrechte stellt nun die Größe des Körpers dar. Sie wird in 8 gleiche Teile geteilt, wovon der Kopf 1/8 beträgt. Zuerst teilt man die Senkrechte in der Mitte. Diese beiden Teile wiederum in der Mitte, die nun entstandenen 4 Teile wiederum in der Mitte, sodaß acht Proportionslinien für die Zeichnung entstehen. Jedes dieser Teile entspricht einer Kopflänge. Für die normale Figur rechnet man 7 bis 8 Kopflängen, für die Modezeichnungen können sogar 9 Proportionen eingeteilt werden. Wie der Körper sich in diese Achteleinteilung einfügt, ist aus der Zeichnung ersichtlich. Der Kopf wird in einer Eiform skizziert; die dreifache Breite stellt gleichzeitig die Schulterbreite dar.

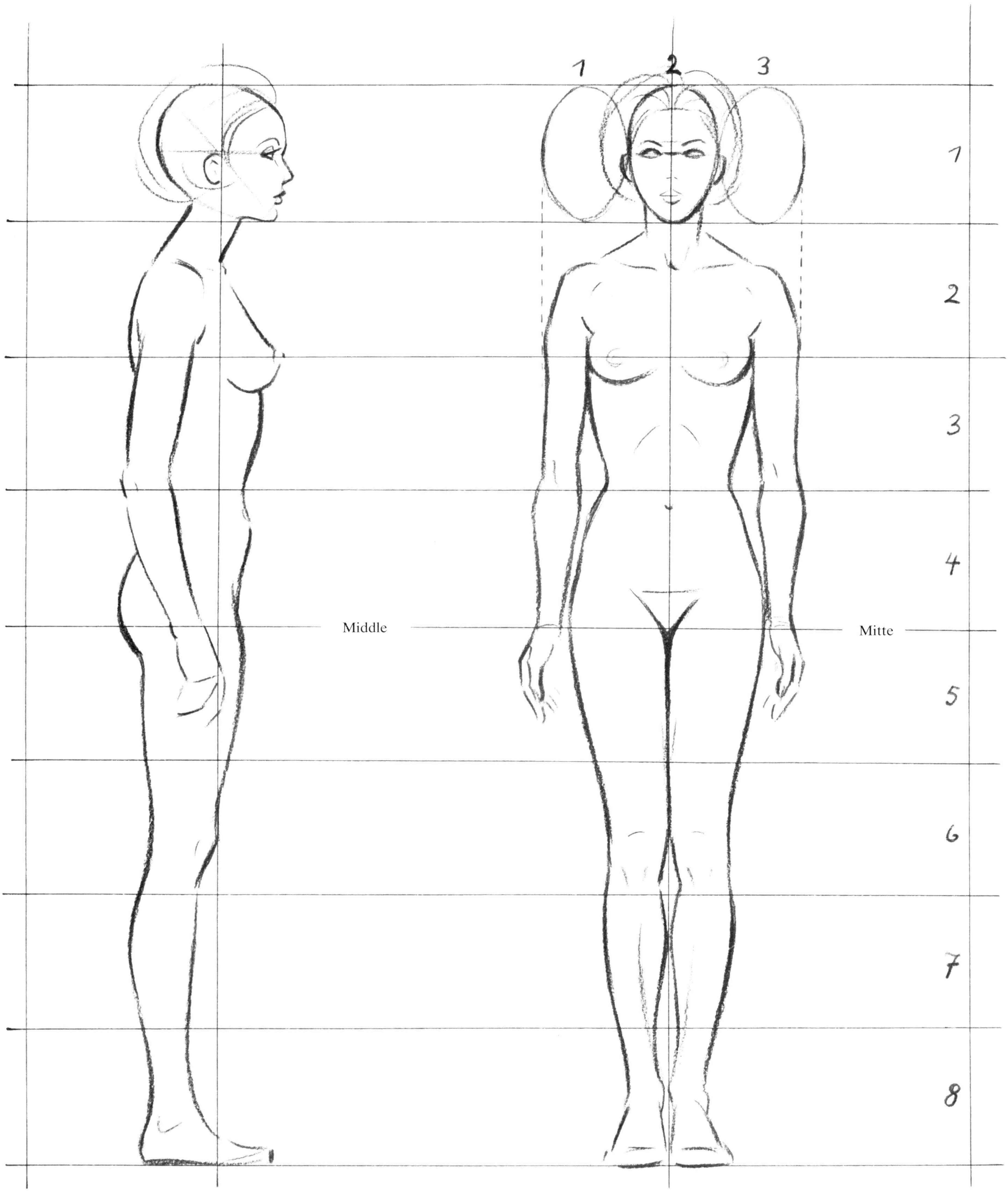

Dividing up the female body diagrammatically

Schematische Aufteilung des weiblichen Körpers

Cylinders
Zylinder

Cubes
Würfel

Egg shapes
Eiform

Dividing up the body diagrammatically in cylinder, cube and egg shapes

It must be remembered that the body is plastic and takes up space. In order to make this clear it is advisable to prepare a diagram which divides the body up into individual forms.
It is best to start with a light outline sketch and then draw in the diagrammatic shapes as illustrated here. It is then possible to move on to other poses which can be drawn using a live model, your own mirror image or even good photos. It is important to practice a lot, to practice again and again!

Schematische Aufteilung des Körpers in Zylinder-, Würfel- und Eiform

Man muß daran denken, daß der Körper plastisch ist und Raum einnimmt. Um dies anschaulich zu machen, legt man sich ein Schema zurecht, das den Körper in einzelne Formen aufteilt. Man beginnt mit einer leichten Umrißskizze und zeichnet dann die schematischen Formen ein, so wie die Vorlagen es zeigen. Man kann dann auch zu anderen Stellungen übergehen, die man nach einem lebenden Modell, nach dem eigenen Spiegelbild oder auch nach guten Fotos zeichnen kann. Wichtig ist, viel zu üben, immer wieder zu üben!

Cubes
Würfel

Cylinders
Zylinder

The head · Der Kopf

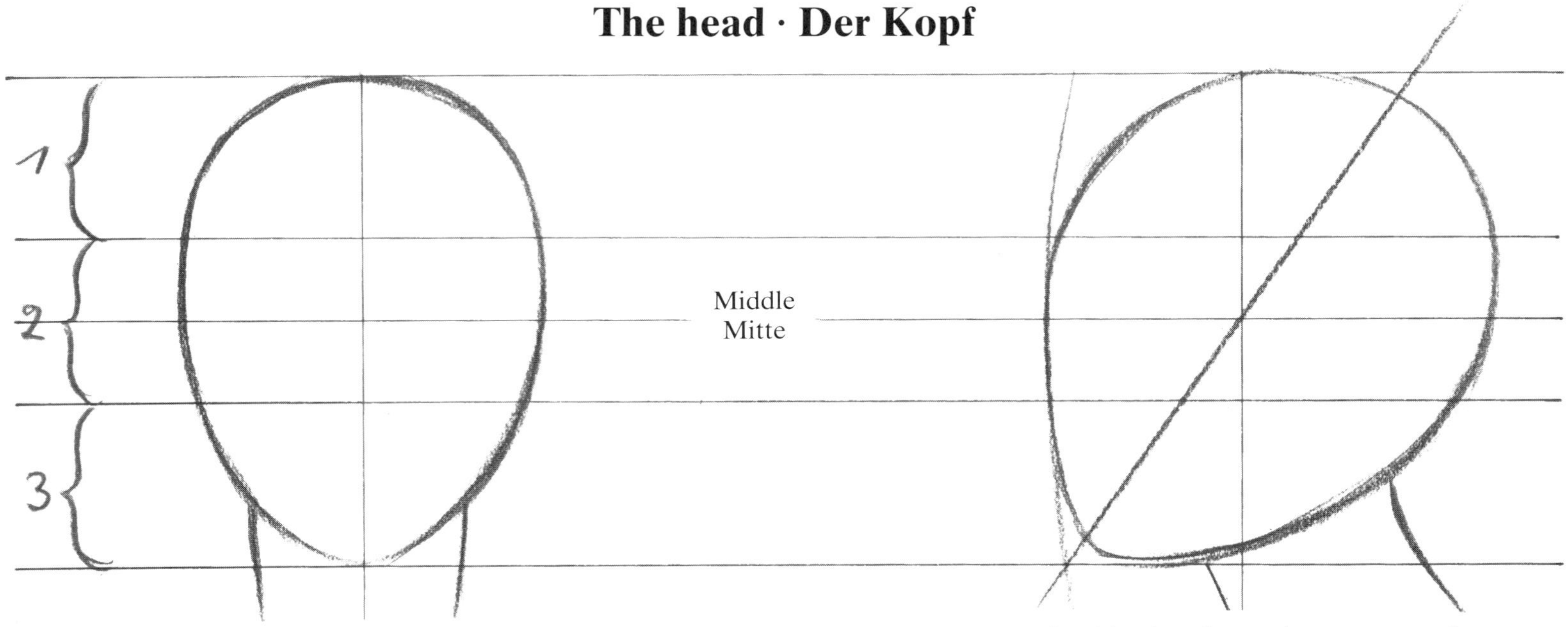

The basic shape is an egg
Die Grundform ist ein Ei

For the side view the egg is set at an angle
In der Seitenansicht ist das Ei schräg gestellt

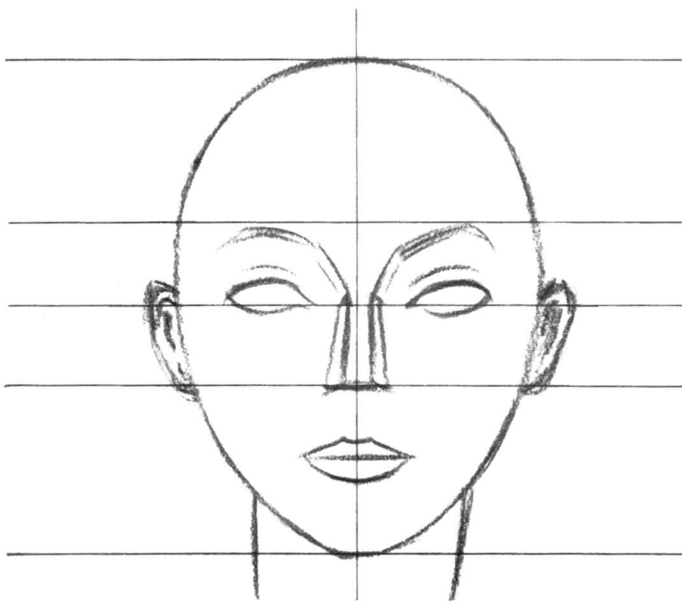

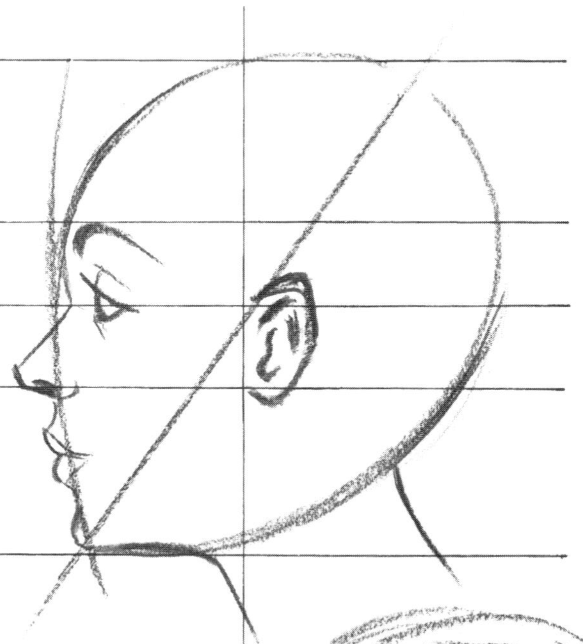

The eyes lie along the centre-line
Auf der Mittellinie liegen die Augen

The hair lies above the egg shape
Die Haare liegen über der Eiform

Note the hairline at the temples
Beachte den Haaransatz an den Schläfen

We start by drawing an egg shape standing on its tip, as big as the head is to be. In order to sketch in the eyes, nose etc. we draw proportion lines again. First of all a vertical line and then a horizontal line, through the middle. These are followed by two more horizontal lines, as shown in the first drawing. The middle line on which the eyes lie is the most important. For side views the egg shape is set at an angle.
Just as for the complete figure, the auxiliary lines sketched in are an aid for drawing the eyes, eyebrows, nose and mouth. When drawing from nature we imagine these lines and this makes it easier to record the movement of the head and the proportions.

Zuerst zeichnen wir eine Eiform auf der Spitze stehend, so groß, wie der Kopf werden soll. Zum Einzeichnen von Augen, Nase usw. ziehen wir wieder Proportionslinien. Zuerst eine Senkrechte, dann eine Querlinie durch die Mitte. Hierauf nochmals zwei Querteilungen, wie auf der ersten Zeichnung ersichtlich. Am wichtigsten ist die Mittellinie, auf der die Augen liegen. Bei der Seitenansicht wird die Eiform schräg gestellt.
Die gezeichneten Hilfslinien stellen genau wie bei der ganzen Figur eine Hilfe dar, um die Augen, Augenbrauen, Nase und den Mund einzuzeichnen. Beim Zeichnen nach der Natur denken wir uns diese Linien und können auf diese Weise die Bewegung des Kopfes und der Proportionen leichter festhalten.

When drawing the head in perspective these auxiliary lines also serve to help us sketch in the eyes, mouth and nose correctly. Imagine that the lines go right round the head as shown in the examples, even where they are invisible.

Auch bei perspektivischen Darstellungen des Kopfes dienen uns die Hilfslinien dazu, Auge, Mund und Nase richtig einzuzeichnen. Man denke sich, wie die Beispiele zeigen, die Linien rund um den Kopf gehend, auch dort, wo sie unsichtbar sind.

The eye · Das Auge

The eye is a ball and lies in a recess in the eye socket. The roundness of the eye must always be recognizable in the drawing.

Das Auge ist eine Kugel und liegt in einer Vertiefung der Augenhöhle. Die Rundungen des Auges muß in der Zeichnung immer erkennbar sein.

The nose · Die Nase

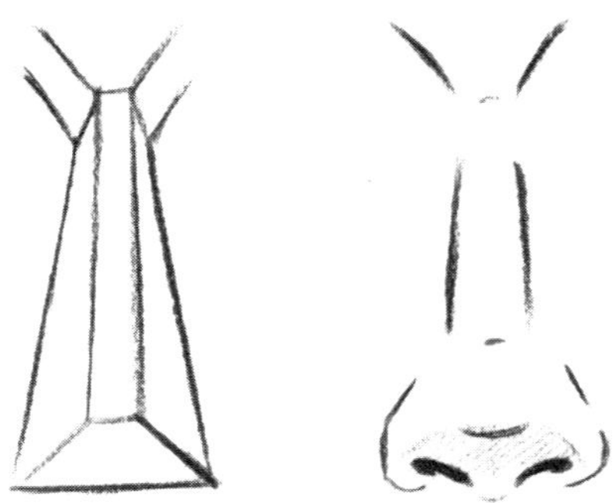

For the basic form of the nose we imagine a wedge in which the nose is drawn. In fashion sketching the nose is generally only hinted at.

Als Grundform der Nase denken wir uns einen Keil, in den man die Nase einzeichnet. Bei der Modezeichnung wird die Nase meist nur angedeutet.

The mouth · Der Mund

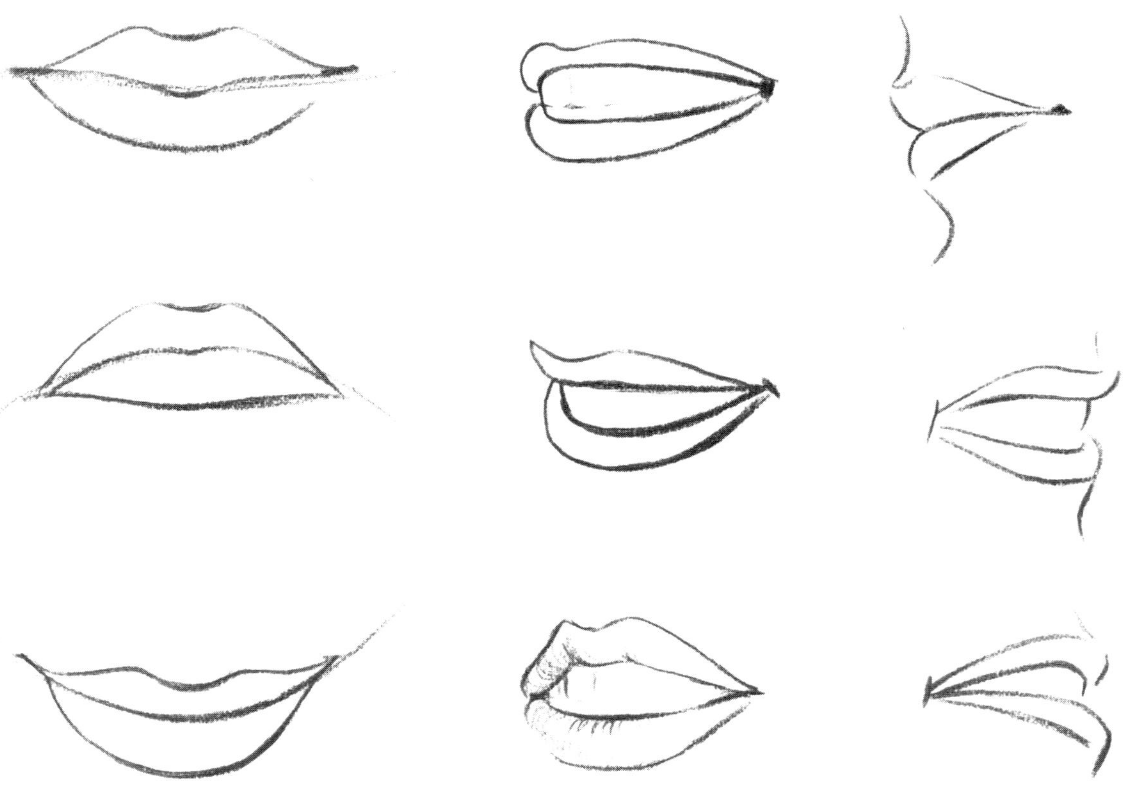

The mouth consists of muscles and has widely different shapes. If teeth are visible in a mouth which is drawn open, they are not generally outlined individually but instead are hinted at as a complete set.

Der Mund besteht aus Muskeln und ist in seiner Form sehr unterschiedlich. Werden bei einem offen gezeigten Mund die Zähne sichtbar, so deutet man diese nicht einzeln, sondern meist als geschlossene Zahnpartie an.

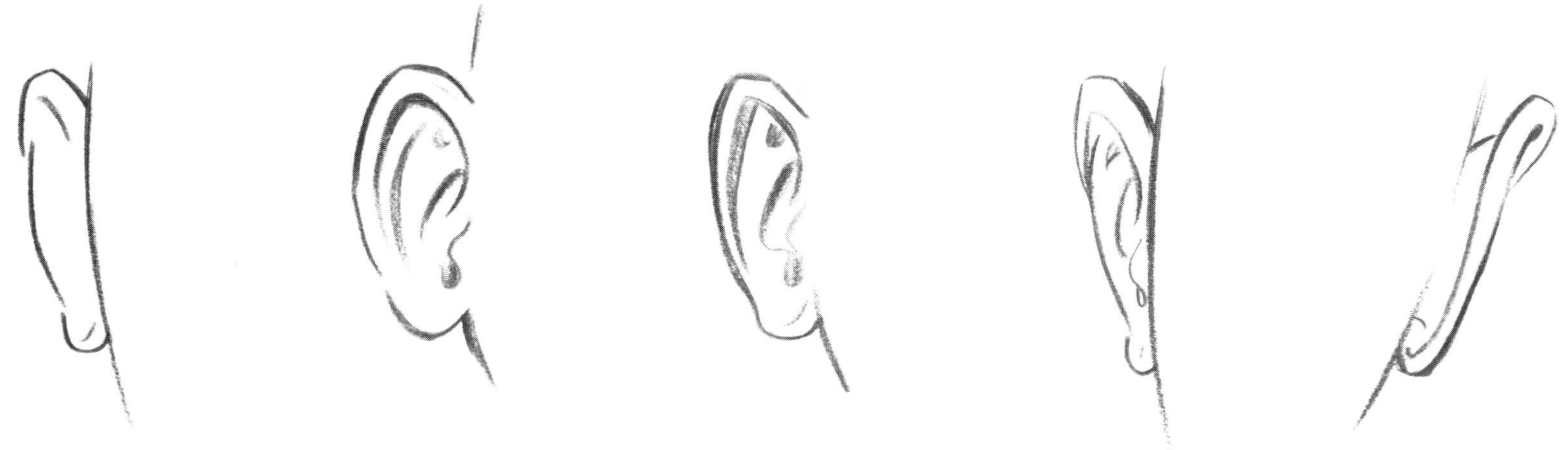

In fashion sketching ears are only hinted at. To accomplish this it is important to know how an ear is drawn in all its detail.

In der Modezeichnung deutet man das Ohr nur an. Dazu muß man wissen, wie ein Ohr in all seinen Einzelheiten gezeichnet wird.

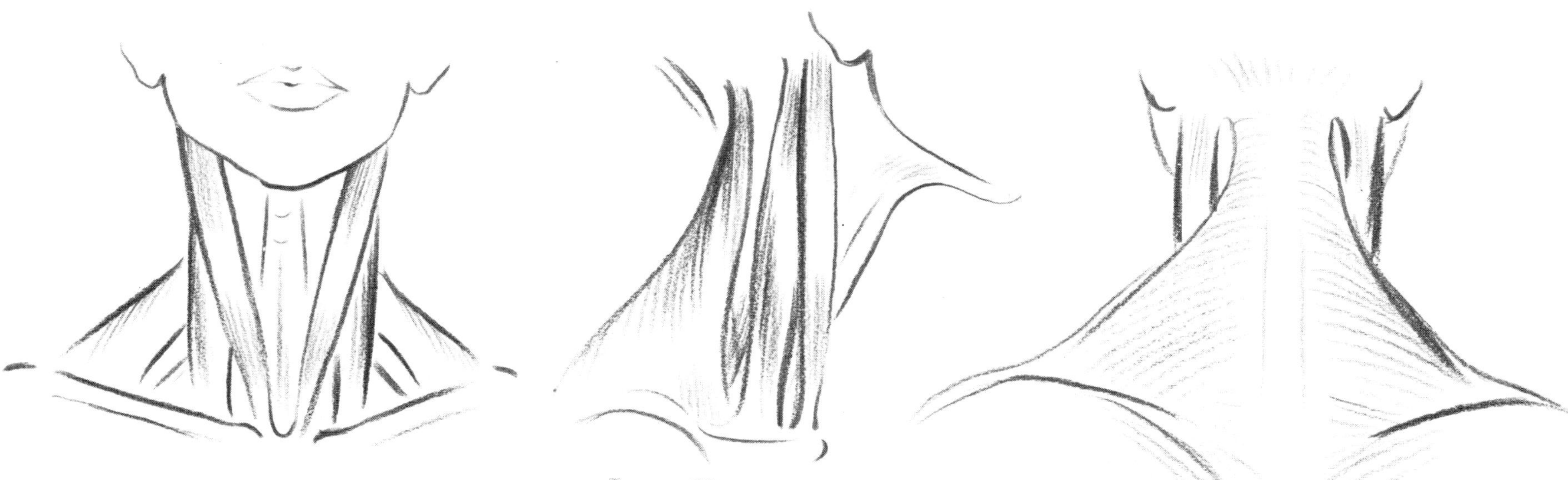

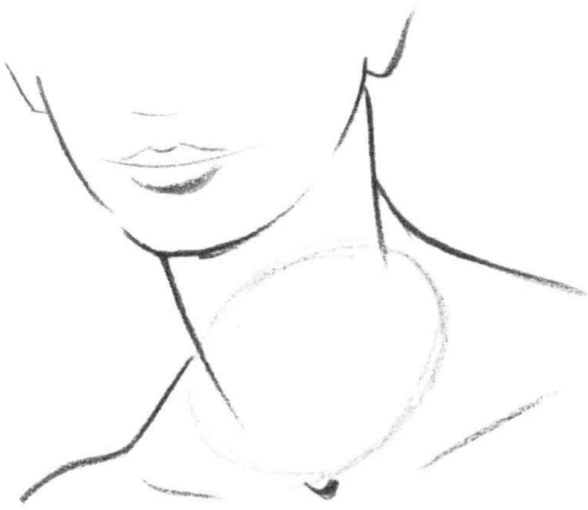

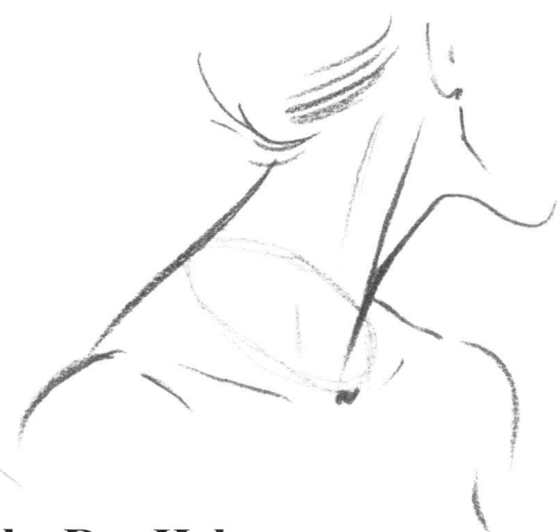

The neck · Der Hals

In order to be able to understand and show a turn of the neck and the resulting overlaps correctly, the neck muscles are shown in the top three drawings. In fashion sketching the neck is drawn a little longer than normal since this gives a more elegant appearance. The intersections of the contours at the neck make the movement clearly visible.
The neck is like a round column and if the neckline of a garment is drawn in fashion sketching, it must be adapted to the rounding of the neck. That is why the auxiliary lines are indicated at the neckline.

Um die Drehung des Halses und die damit verbundenen Überschneidungen richtig verstehen und darstellen zu können, werden in den oberen drei Zeichnungen die Muskeln des Halses gezeigt. Den Hals zeichnet man in der Modezeichnung etwas länger als normal, weil er dann eleganter wirkt.
Die Überschneidungen der Konturen am Hals machen die Bewegung deutlich sichtbar.
Der Hals gleicht einer runden Säule, und wenn man beim Modezeichnen den Halsausschnitt eines Kleidungsstückes zeichnet, so muß sich dieser der Rundung des Halses anpassen. Daher die angedeuteten Hilfslinien am Halsansatz.

The arms · Die Arme

When drawing limbs – arms and legs – we must always remember that these are plastic forms which take up space.

Beim Zeichnen der Gliedmaßen, Arme und Beine, müssen wir immer wieder daran denken, daß es sich um plastische Formen handelt, die Raum ausfüllen.

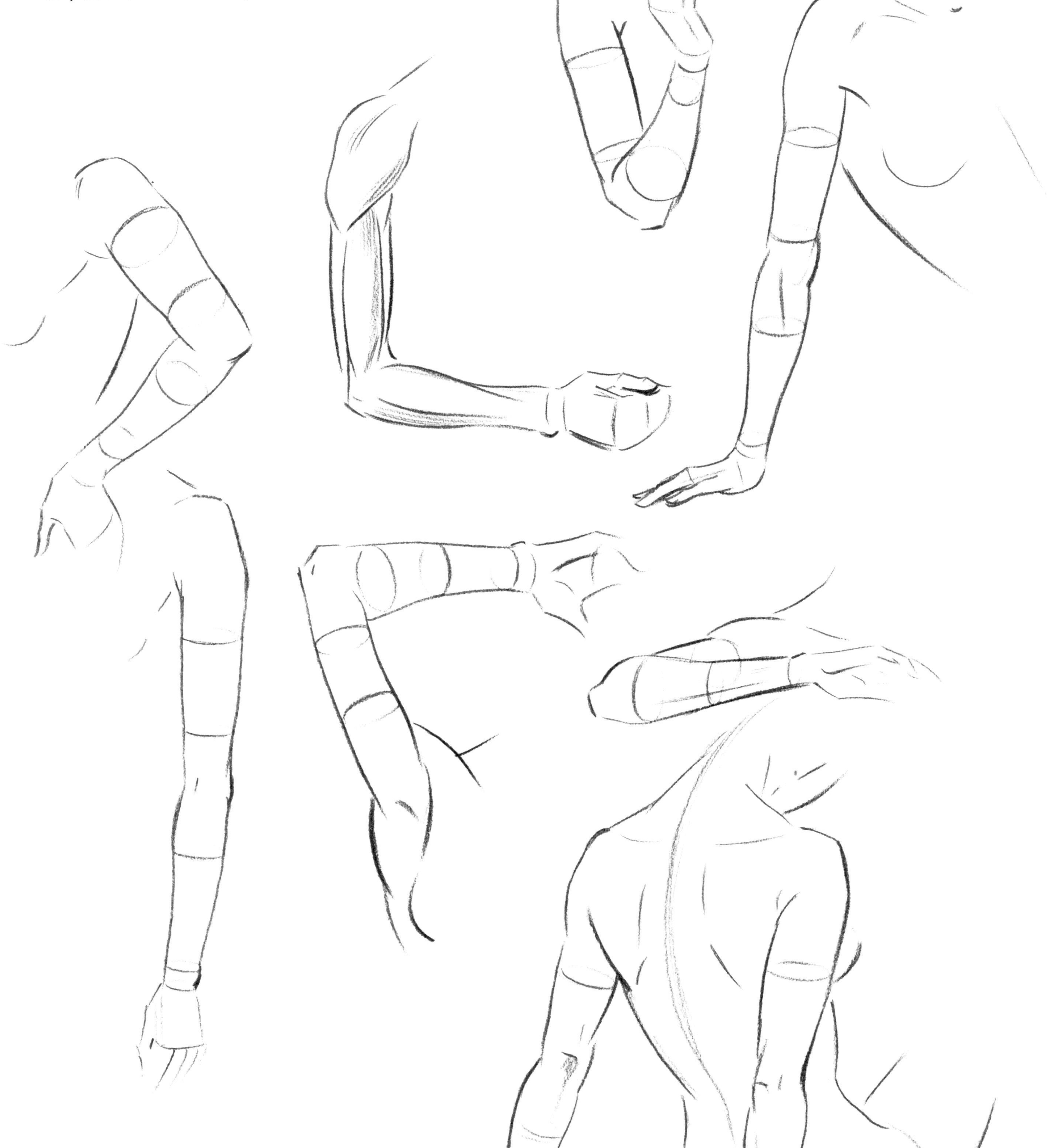

In order to make this perfectly clear we draw in this roundness in the form of ellipses or circles. The outlines correspond to our basic body shapes shown at the beginning. The bones are outlined at the joints.

Um dieses deutlich zu machen, zeichnet man diese Rundungen in Form von Ellipsen oder Kreisen ein. Die Einzeichnungen entsprechen unseren am Anfang gezeigten Grundformen des Körpers.
An den Gelenken zeichnen sich die Knochen ab.

The hands · Die Hände

The human hand is the same size as the face from chin to hairline. It is very mobile as a result of the many joints.

Die Hand des Menschen ist so groß wie das Gesicht vom Kinn bis zum Haaransatz. Sie ist durch ihre vielen Gelenke sehr beweglich.

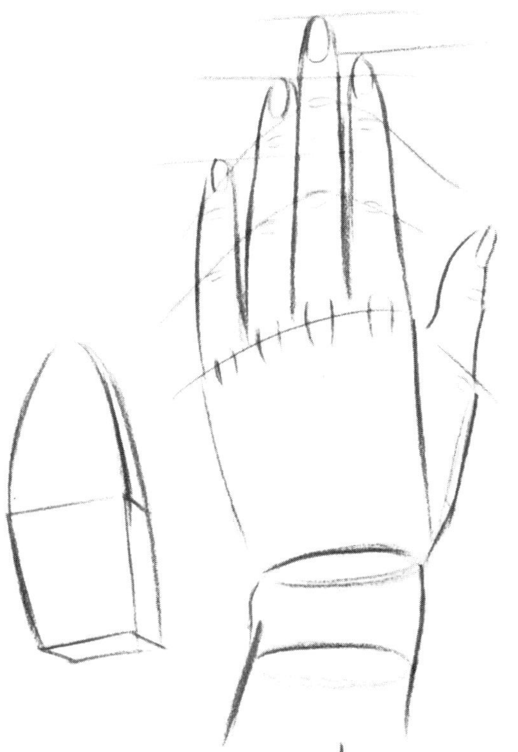

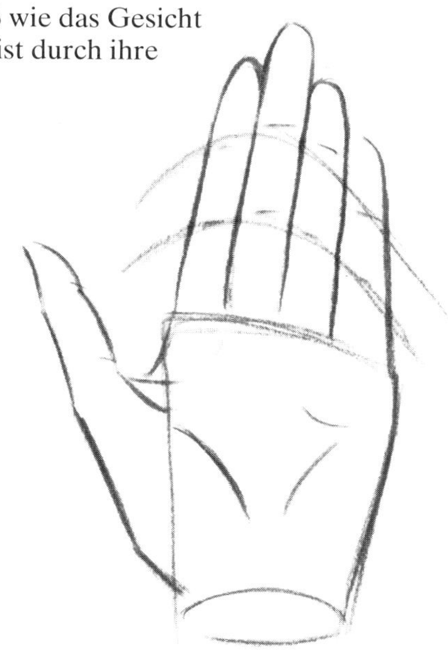

We start by roughly outlining the hand pose.
We then insert the diagrammatic division into this outline in the same way we have learned to do so for the complete figure. Only after we have done this do we start the detail work on the hand and the individual fingers.

Man zeichnet zuerst in groben Umrissen die Haltung der Hand.
In diesen Umriß fügt man dann die schematische Aufteilung, und zwar so, wie man es bei der ganzen Figur gelernt hat. Erst jetzt geht man an die Ausführung der Hand beziehungsweise der einzelnen Finger.

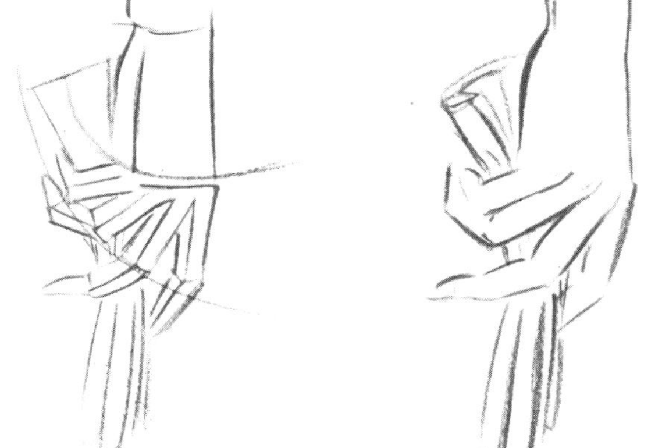

Hands are not easy to draw and it is important to practice and practice again and again. Draw your own hands in various positions, or work from good photos.

Hände sind nicht leicht zu zeichnen, und man muß üben und immer wieder üben. Man zeichne die eigene Hand in verschiedenen Stellungen oder arbeite auch nach guten Fotos.

The legs · Die Beine

Everything you have learned about arms also applies for legs.

Das gleiche, was über die Arme gesagt wurde, gilt auch für die Beine.

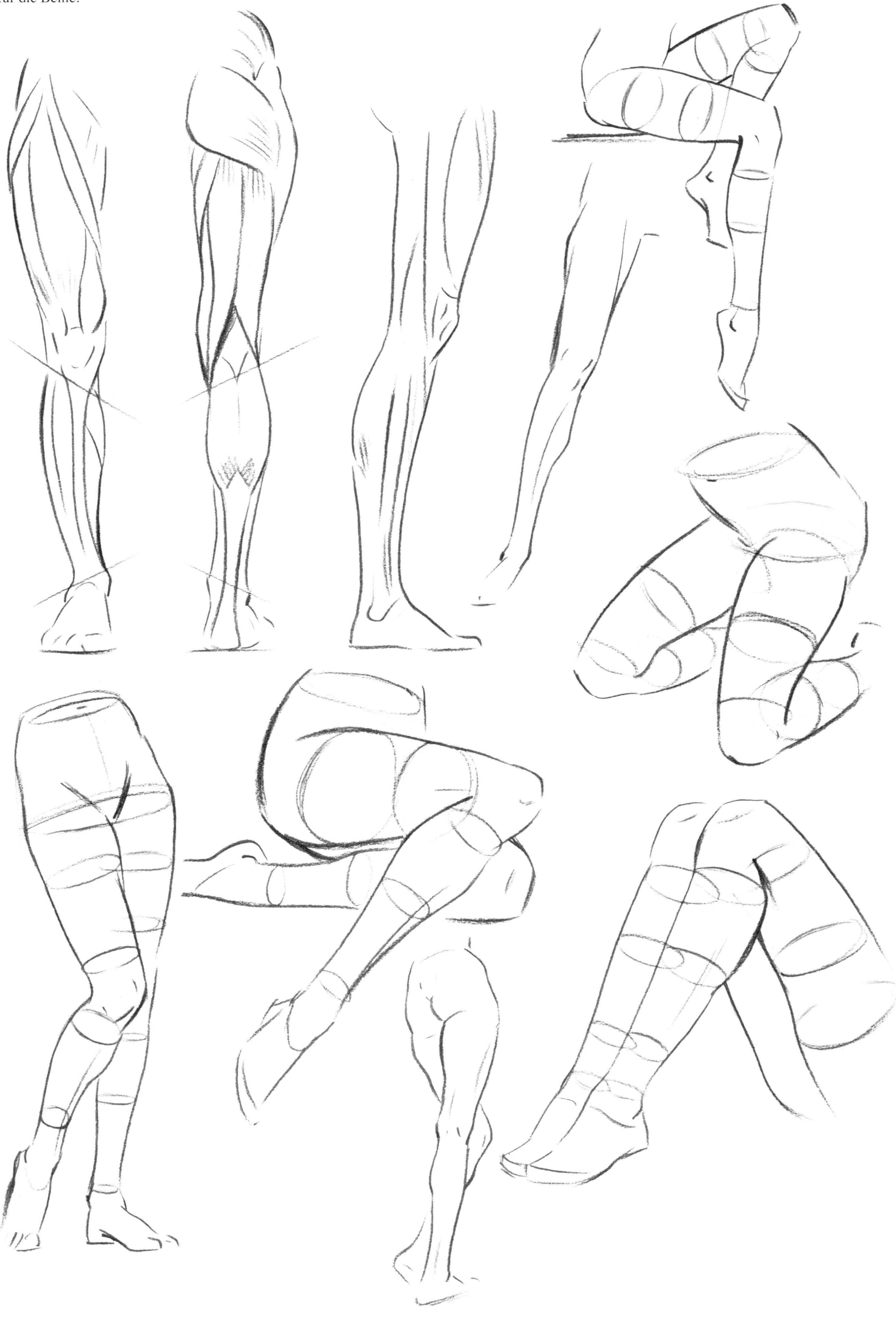

The feet · Die Füße

Like hands, feet are not easy to draw either and here too it is important to practice again and again, best of all by working with live models.

Füße sind, ebenso wie Hände, nicht leicht zu zeichnen, und auch hier heißt es eben immer wieder: üben, üben, am besten durch Studien am lebenden Objekt.

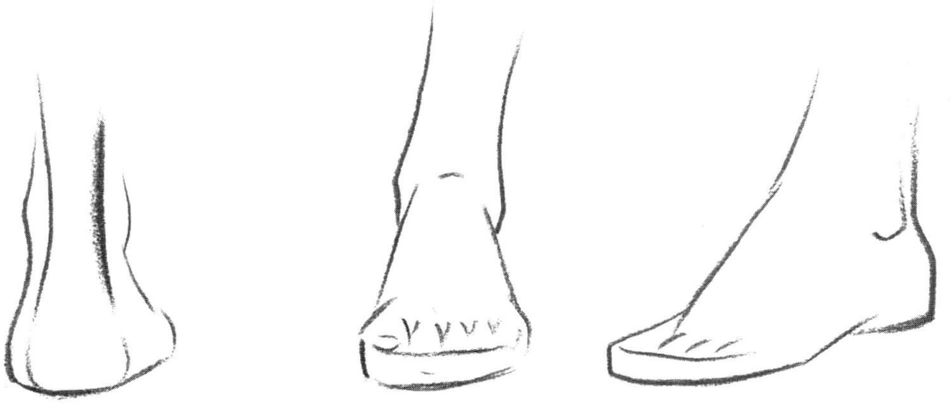

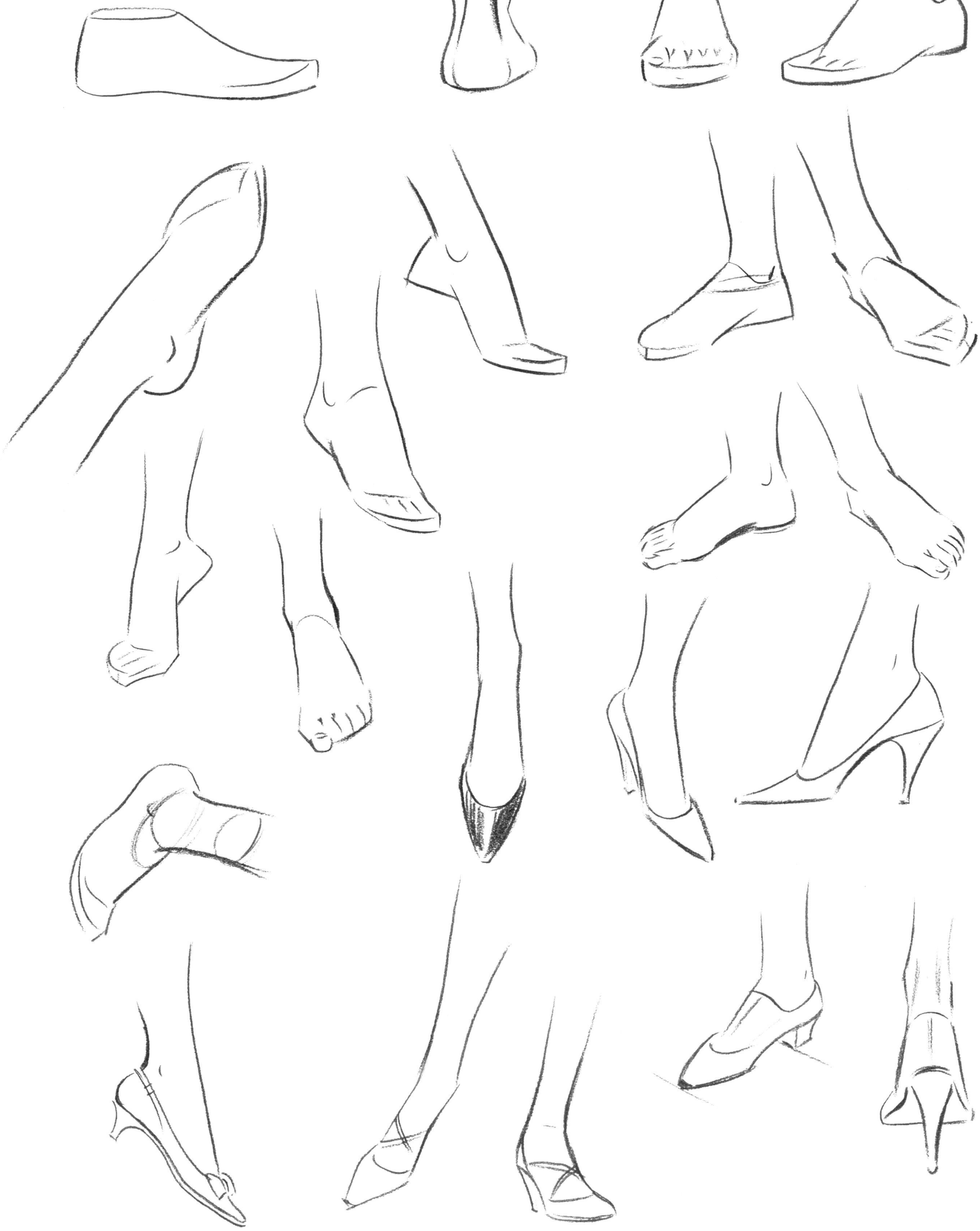

Simple anatomy · Einfache Anatomie

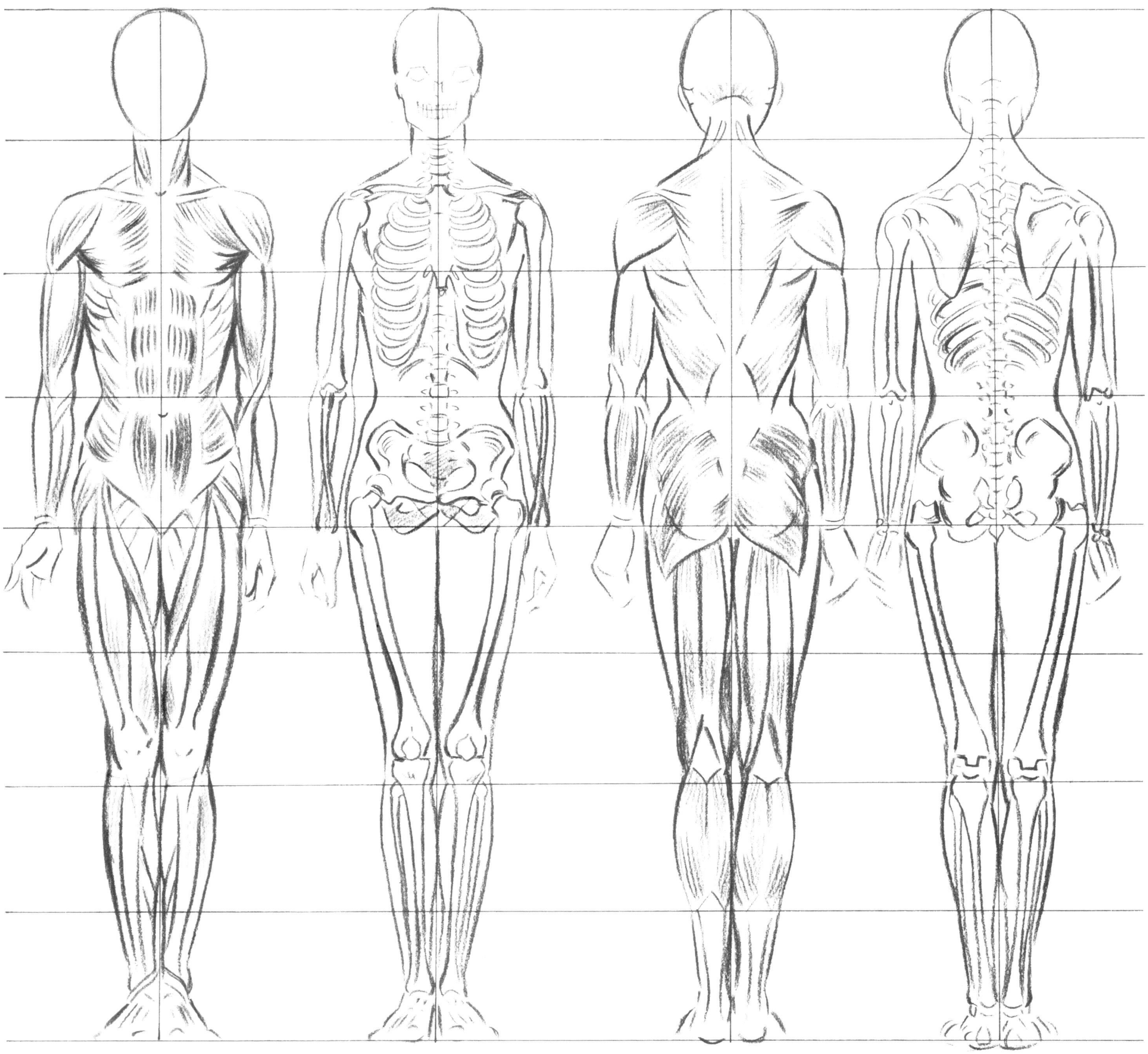

Before you start any actual nude sketching, it is advisable to learn something about what lies beneath the outer contours of the skin. It is the skeleton and the muscles which give the human body its outer shape. These are partly recognizable beneath the skin.
In order to obtain a picture of what it looks like under the skin, please study the illustrations on these two pages thoroughly. A comparison with the structure of your own body is very helpful in order to acquire an understanding for the overall structure and outer form of a body.

Bevor man nun mit dem eigentlichen Aktzeichnen beginnt, ist es nützlich, sich auch mit dem, was unter der äußeren Kontur der Haut steckt, vertraut zu machen. Es sind dies das Knochengerüst und die Muskulatur, die dem menschlichen Körper die äußere Form geben. Zum Teil sind sie unter der Haut erkennbar.
Damit man sich nun auch ein Bild davon machen kann, wie es unter der Haut aussieht, betrachte man eingehend die Abbildungen dieser beiden Seiten. Ein Vergleich mit der Struktur des eigenen Körpers ist sehr nützlich, um Verständnis für den Gesamtaufbau und die äußere Form eines Körpers zu finden.

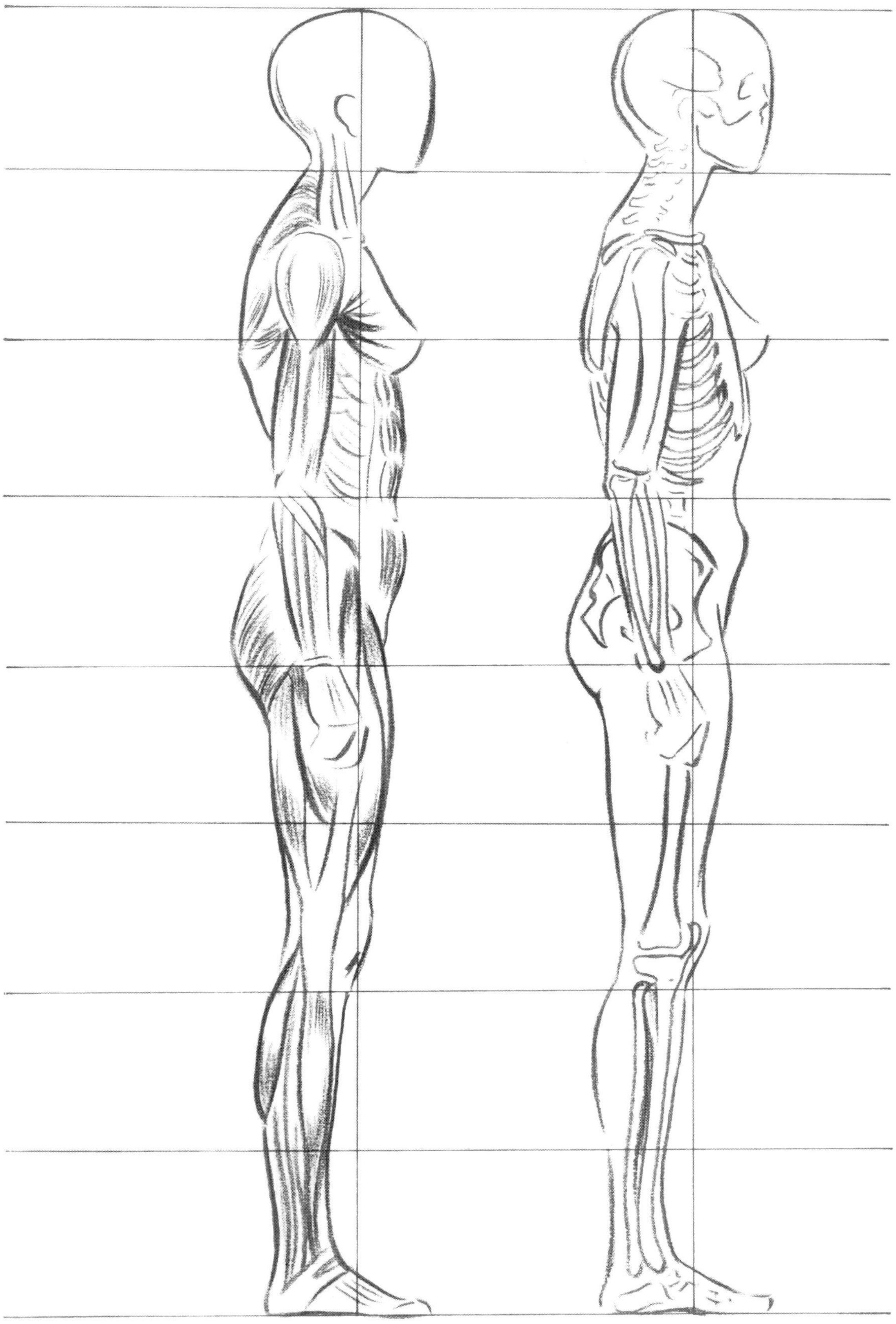

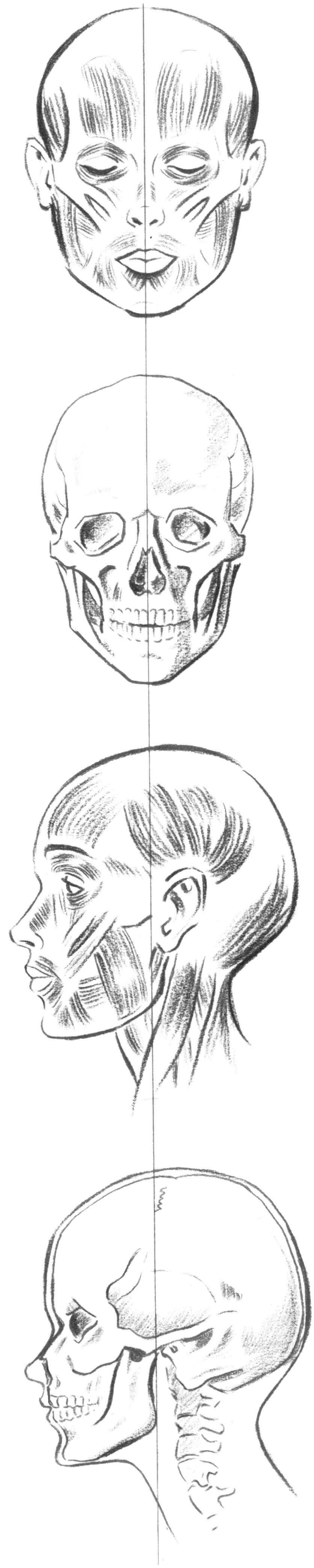

It is not important to know the names of all the muscles and bones, but anyone who wishes to study fashion sketching seriously should attend a course on anatomy.
Precise knowledge of the form of the skeleton, the functions of the joints and the muscle structure makes nude drawing easier and puts life into the figures depicted.

Es ist nicht wichtig, alle Muskeln und Knochen mit Namen zu kennen, wer aber ein gründliches Studium betreiben will, belege einmal einen Kursus in Anatomie.
Eine genaue Kenntnis von der Form des Knochengerüstes, der Gelenkfunktionen und der Muskelstruktur erleichtert das Aktzeichnen und belebt die dargestellte Figur.

Nude sketching

After you have familiarized yourself with the schematic structure of a figure sketch and with the anatomy of the human body, you can venture to attempt a real nude drawing.
Take a sketch pad, if possible not smaller than DIN A3 (29 x 42 cm) and a soft pencil (HB, B, 1 B to 2 B), or a soft charcoal stick.
You should also have a small eraser, but use this as little as possible.
Before starting your sketch consider the nude figure exactly and try to identify the most important traits of the posture. Only then should you start to rough out the drawing on the paper with very light outlines.
When you have done this you can easily see whether the figure is correctly positioned in the space available. Perhaps it has been started too large, or there is no space left for the feet, or it is too far to the right or to the left, or it might even be about to topple over? You can correct all these faults straight away after the first, light sketch. Start by drawing in the auxiliary lines, as you have learned. Then compare the sketch with the model again, to see what is wrong. This alternation between looking and drawing must be practiced again and again until you are convinced that the figure is correctly positioned. Only then can you continue the actual drawing with somewhat stronger lines. You can leave the fine lines of the preparatory rough drawing as they are. There is no need to erase them.
Be careful not to spend too long "playing" with your drawing. There is a risk that you might go into too much detail, and this is something you should avoid at the beginning in particular. You should also leave shading work until later, since this tempts beginners to cover up mistakes. You should start with clear, simple lines, without any light and shadow, just a simple line drawing. All that is important here is to recognize the essentials of posture and proportions and to be able to reproduce these in a drawing which you keep simple.
Not everyone will succeed straight away in positioning the figure correctly. But this is no reason to be discouraged. You can't always expect to get it right the first time. You simply have to practice, and keep on practicing. The effort will pay in the end. After some time you will note with satisfaction that you have made progress.
Once you have overcome the first difficulties, you should attempt fast movement sketches. Only spend a few minutes on each sketch and use this short time to record what is most important in the posture, a turning motion and the proportions. Draw a whole series of such sketches, one after the other. This sharpens your eye and relaxes your hand. Fast sketching is a very good and important exercise for making progress. It is now also time to familiarize yourself with various techniques. If you have been working with pencil so far, try using a simple pen or fountain pen and Indian ink. This technique is only appropriate for small formats. Since it is not possible to correct such drawings, you are forced to concentrate on what is essential and typical in the model. This is an excellent exercise which sharpens your eye and leads you to light, fluid lines. You should also try working with a brush and Indian ink. With this technique too you cannot make any changes once you have sketched the lines. If a drawing does not "work out", start a new one straight away, and so on. This is a very useful exercise. For large formats you can use charcoal or chalk in order to familiarize yourself with these materials too.
It is also very important to alter the size of your sketches. Make small drawings with a pen and large drawings with a stick of chalk or charcoal. This is a very good exercise for acquiring a confident and relaxed drawing technique. The following pages of nude drawings should provide the sketcher with a variety of ideas for practicing figure drawings and applying everything which has been learned so far.

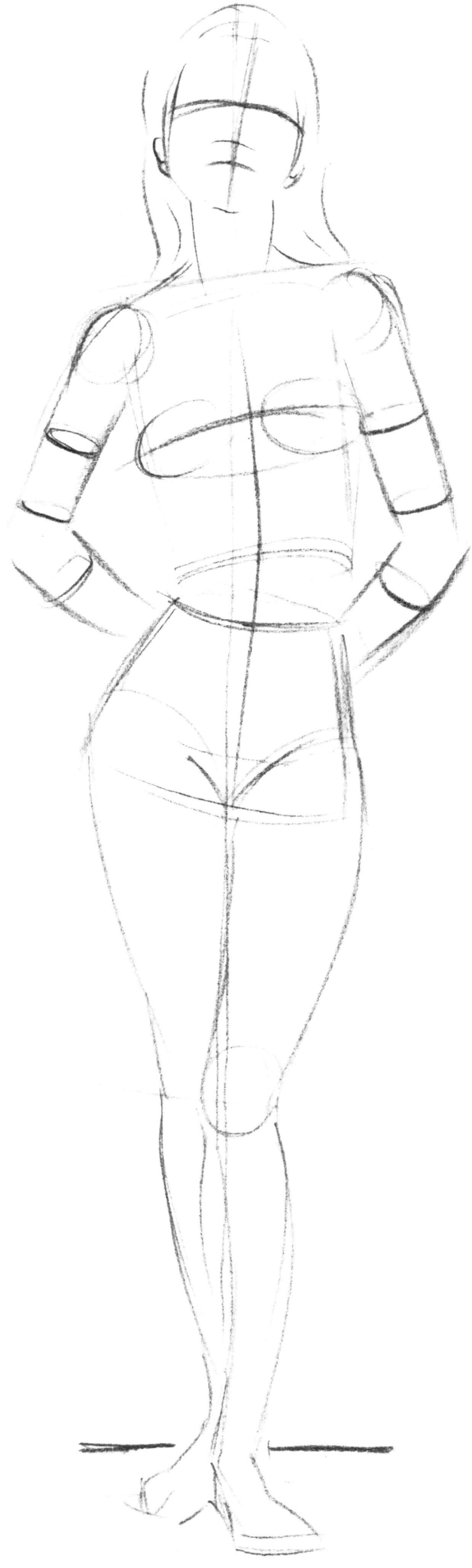

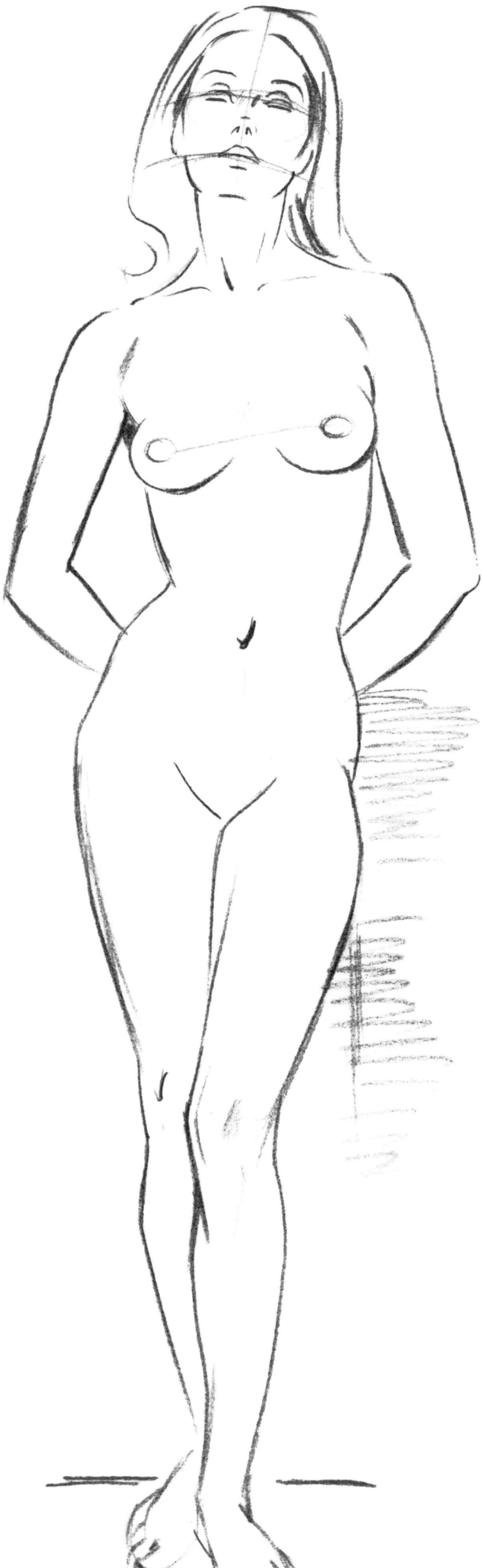

Aktzeichnen

Nachdem man sich nun mit dem schematischen Aufbau einer figürlichen Zeichnung und mit der Anatomie des menschlichen Körpers vertraut gemacht hat, kann man sich an eine richtige Aktzeichnung heranwagen. Man besorgt sich einen Skizzenblock, möglichst nicht kleiner als DIN A3 (29,7 x 42 cm), und einen weichen Bleistift (HB, B, 1B bis 2B) oder auch einen weichen Kohlestift. Auch einen kleinen Radiergummi, den man aber so wenig wie möglich benutzen soll.
Ehe man mit dem Zeichnen beginnt, betrachte man die Aktfigur genau und versuche die wichtigsten Grundzüge der Haltung herauszufinden. Erst dann fängt man an, mit ganz leichten Umrißstrichen die Zeichnung auf dem Papier anzudeuten. Man wird danach gleich erkennen, ob die Figur richtig im „Raum" steht. Vielleicht ist sie zu groß angelegt, oder es ist kein Platz mehr für die Füße da, oder sie steht zu weit rechts oder links, oder sie droht gar umzufallen. All diese Fehler kann man gleich nach der ersten, leicht ausgeführten Skizze verbessern. Am Anfang setzt man die Hilfslinien ein, wie man es gelernt hat. Dann vergleicht man wieder die Skizze mit dem Modell, um zu erkennen, was falsch ist. Dieses Wechselspiel von Betrachten und Zeichnen muß so lange geübt werden, bis man davon überzeugt ist, daß die Figur richtig dasteht. Erst dann kann man mit einem etwas kräftigeren Strich an die Ausführung gehen. Dabei können die feinen Striche der Vorzeichnung ruhig stehenbleiben, sie brauchen nicht wegradiert zu werden. Man hüte sich davor, zu lange an einer Zeichnung herumzustricheln. Man gerät dabei zu sehr ins Detail, und das sollte man besonders am Anfang vermeiden. Auch das Schattieren verschiebe man besser auf später, denn es verführt den Anfänger dazu, Fehler zu vertuschen. Mit klaren einfachen Strichen, ganz ohne Licht und Schatten, eben mit einer einfachen Strichzeichnung sollte man beginnen. Wichtig ist nur, daß man das Wesentliche der Haltung und der Proportionen erkennt und dies in einer ganz einfach gehaltenen Zeichnung wiedergeben kann.
Nicht jedem wird es gleich gelingen, daß eine Figur „richtig dasteht". Aber deshalb darf man den Mut nicht gleich verlieren. Kein Meister ist je vom Himmel gefallen. Man muß ganz einfach üben und immer wieder üben. Dann wird der Lohn nicht ausbleiben, und man wird nach einiger Zeit mit Genugtuung feststellen können, daß man Fortschritte gemacht hat. Ist man über die ersten Schwierigkeiten hinaus, so sollte man sich an schnelle Bewegungsskizzen wagen. Immer nur einige Minuten für eine Skizze aufwenden, um in dieser kurzen Zeit das Wichtigste einer Haltung, einer Drehung und der Proportionen festzuhalten. Man zeichne hintereinander eine ganze Serie solcher Skizzen, das schärft den Blick und macht die Hand lockerer. Das schnelle Skizzieren ist eine sehr gute und wichtige Übung, um vorwärtszukommen.
Nun ist es auch an der Zeit, sich mit den verschiedenen Techniken vertraut zu machen. Hat man bisher mit dem Bleistift gearbeitet, so versuche man es einmal mit Feder und Tusche oder einem Tuschefüller. Diese Technik ist nur für kleine Formate geeignet. Da es hierbei kein Verbessern gibt, ist man ganz besonders gezwungen, sich auf das Wesentliche und Typische des Modells zu konzentrieren. Es ist dies eine sehr gute Übung, die den Blick schärft und die Strichführung leicht und flüssig macht. Auch mit Pinsel und Tusche sollte man arbeiten. Bei dieser Technik kann man ebenfalls nichts mehr ändern, wenn der Strich erst einmal gesetzt ist. Ist eine Zeichnung mißraten, so fängt man gleich eine neue an, und so fort. Das ist eine sehr nützliche Übung. Für große Formate kann man dann Kohle oder Kreide benutzen, um auch in der Ausführung mit diesem Material vertraut zu werden. Sehr wichtig ist es auch, die Größe der Zeichnungen zu wechseln. Man zeichne ganz klein mit der Feder und auch ganz groß mit Kreide- oder Kohlestift. Das ist eine ausgezeichnete Übung, um sicherer und lockerer in seiner Zeichentechnik zu werden. Die folgenden Seiten mit Aktzeichnungen bieten dem Zeichner vielseitige Anregungen, sich im figürlichen Zeichnen zu üben und alles bisher Gelernte zur Anwendung zu bringen.

Seated figure bending forward slightly

Leicht vorgebeugt Sitzende

Light contour with auxiliary lines sketched in
Leichte Kontur mit eingezeichneten Hilfslinien

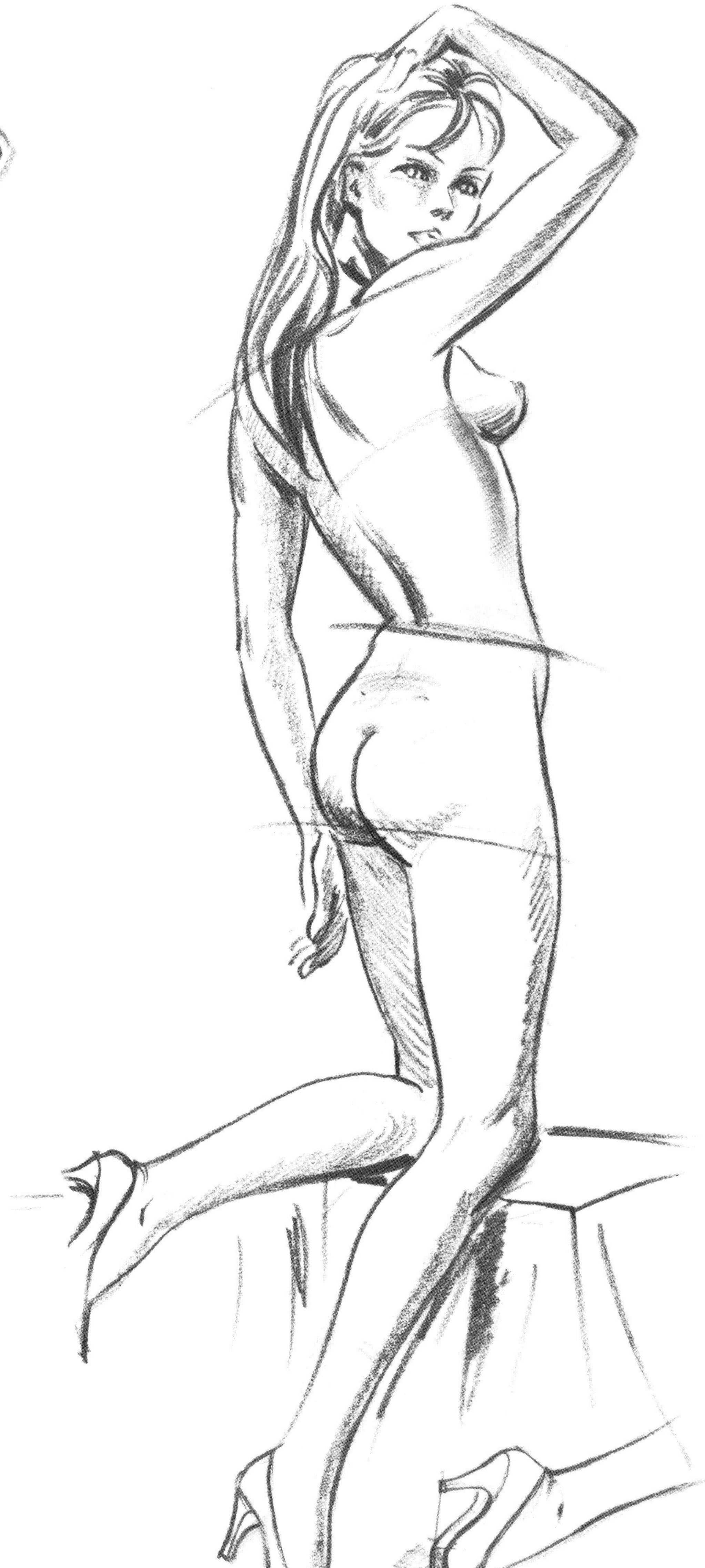

Strong contour in the finished drawing
Kräftige Kontur bei der fertigen Zeichnung

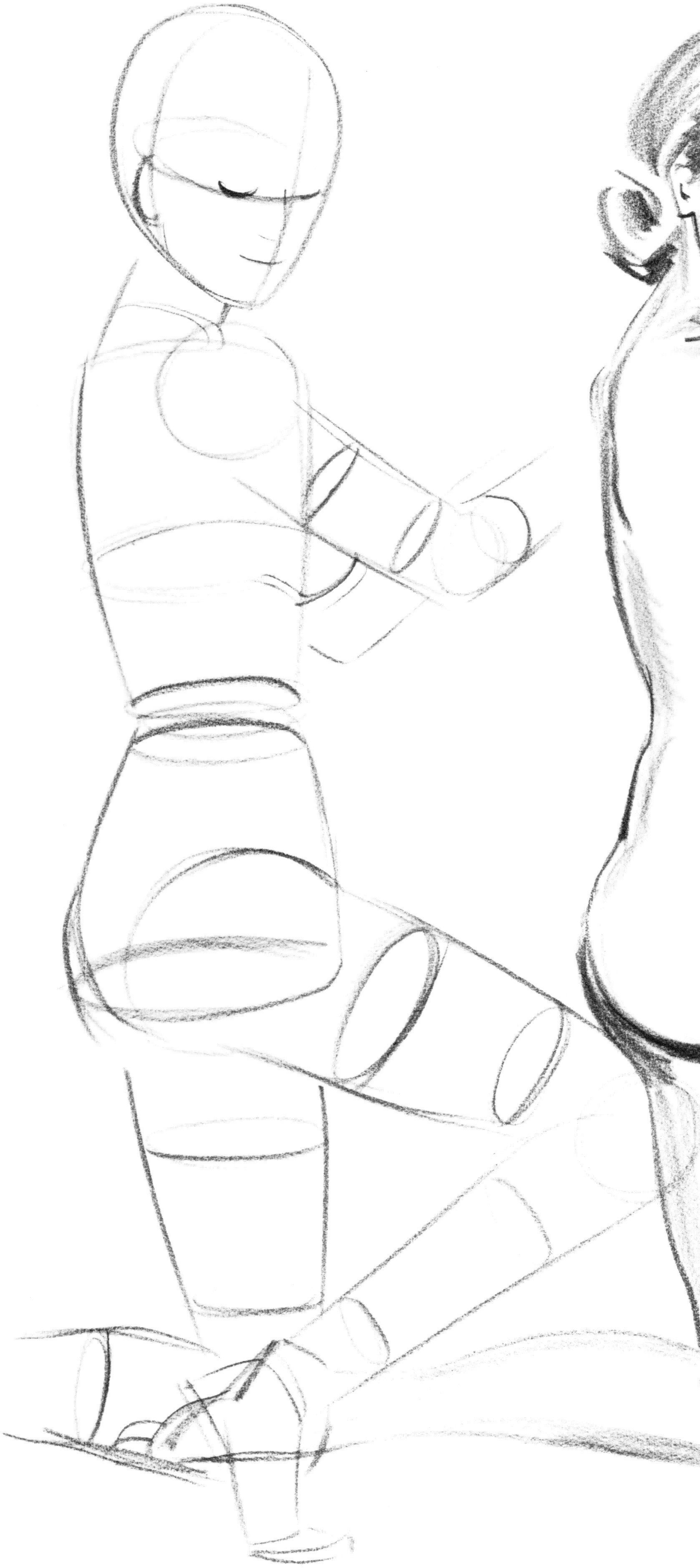

Preliminary drawing with auxiliary lines
Vorzeichnung mit Hilfslinien

Finished drawing with strong contours
Fertige Zeichnung mit kräftiger Kontur

Seated figure leaning back on her arms
Sitzende mit nach rückwärts aufgestützten Armen

Practice sketches of standing and seated figures
Übungsskizzen von stehenden und sitzenden Figuren

Posture studies
Haltungsstudien

Seated figure with slight hints of shadows
Above – the same figure with auxiliary lines

Sitzende mit leicht angedeuteten Schatten
Daneben die Figur mit Hilfslinien

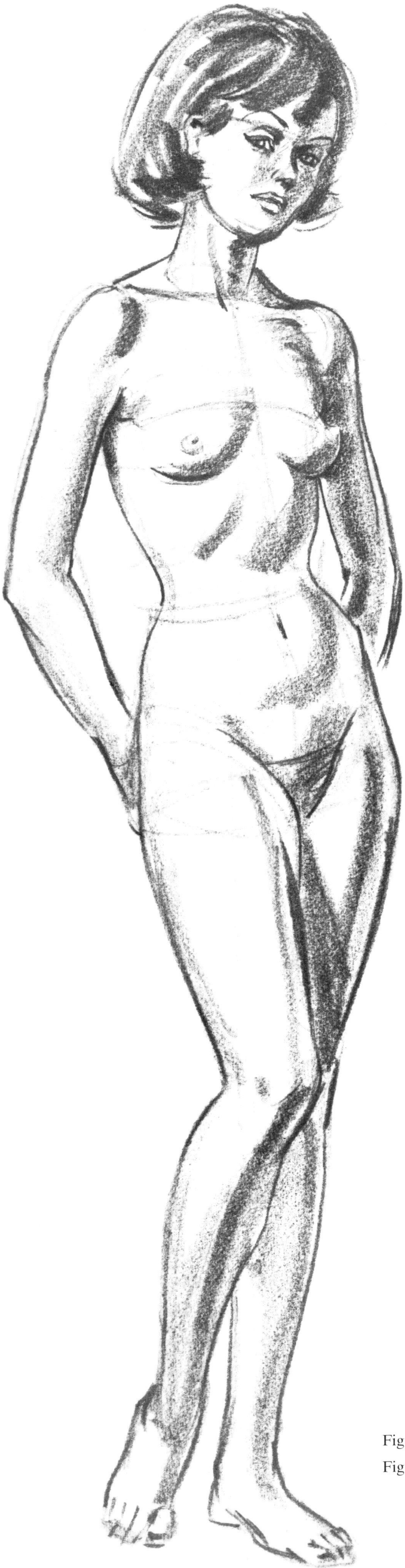
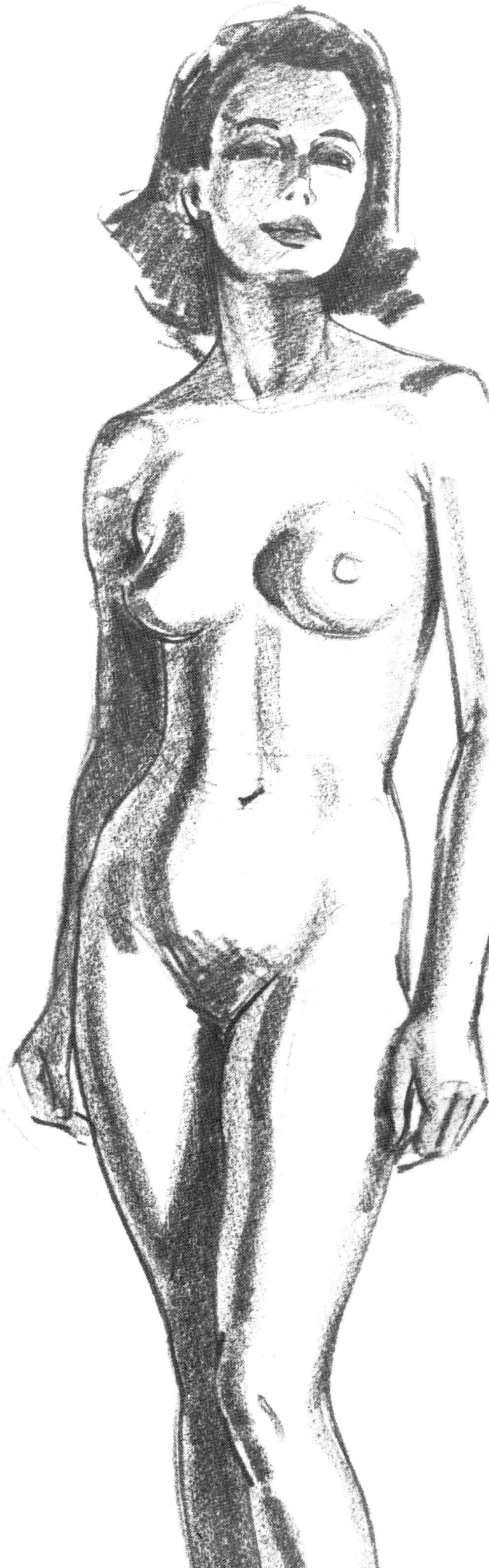

Figures with shadows sketched in

Figuren mit eingezeichneten Schatten

Seated figure – small drawings show the auxiliary lines
Sitzende – kleine Figuren mit Hilfslinien

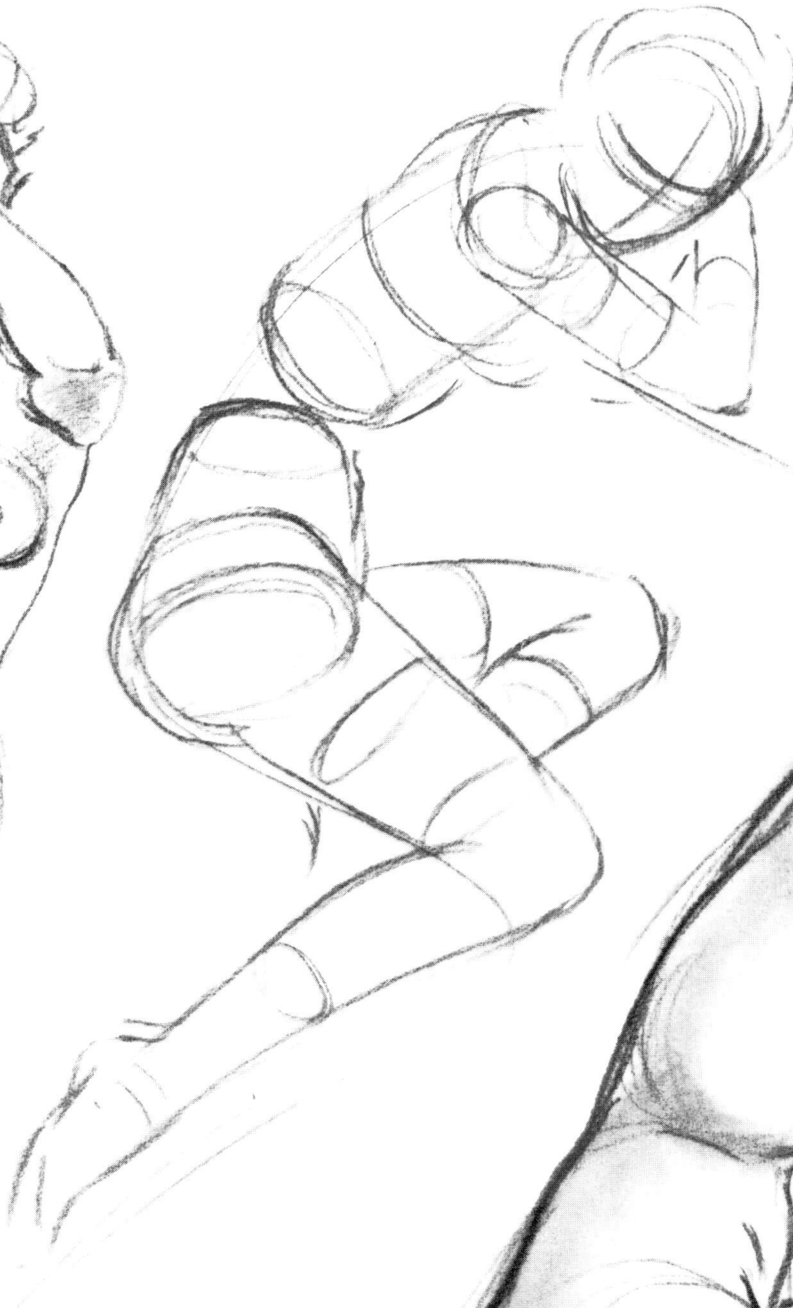

Various poses for practice
Verschiedene Stellungen zum Üben

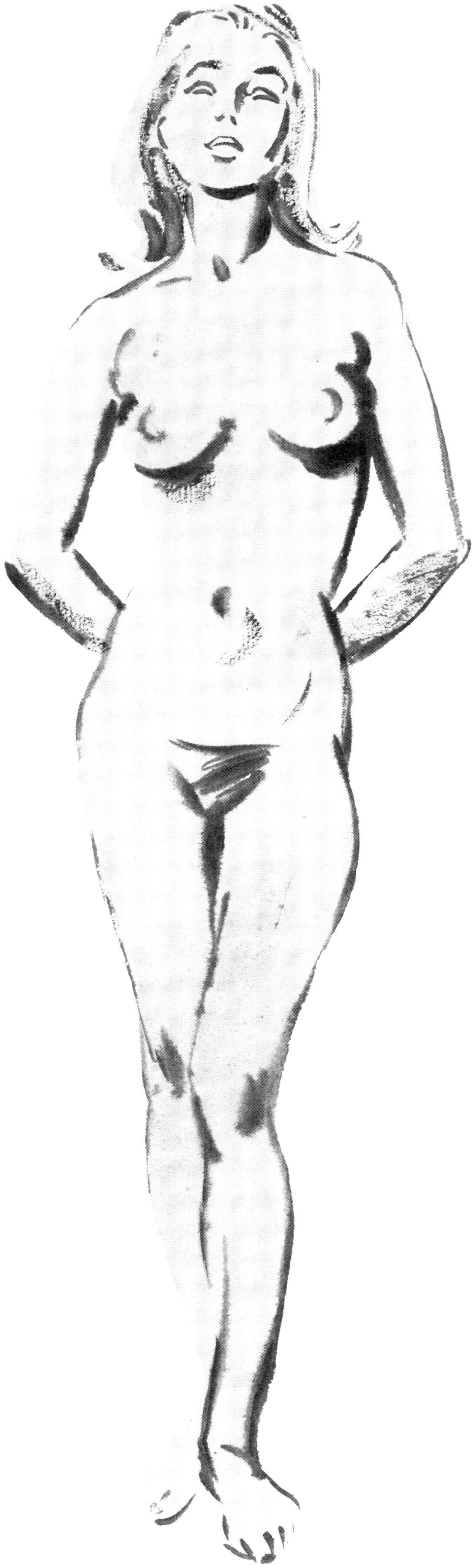

With paintbrush and watercolor

In order to concentrate completely on the overall form, you could also try the following.
With a diluted watercolor paint first sketch the silhouette of the figure and then fill in the whole area with a lot of paint in your brush. Now draw in the contours at the darkest points in the still wet base! You don't need to keep to contours of the watercolor figure any more – if these happen to be wrong. Nor should you outline the complete figure with one single contour. By applying this technique you will learn to concentrate on essentials.

Mit Pinsel und Aquarellfarbe

Um sich ganz auf die große Form zu konzentrieren, kann man auch einmal folgendes versuchen:
Mit einer verdünnten Aquarellfarbe zeichnet man zuerst die Silhouette der Figur und füllt mit viel Farbe im Pinsel gleich die ganze Fläche aus. Nun in den noch nassen Grund die Konturen an den dunkelsten Stellen einzeichnen! Jetzt braucht man sich aber nicht an die Konturen der getuschten Fläche – falls diese falsch sind – zu halten. Auch soll man nicht die ganze Figur mit einer Kontur umzingeln. Mit dieser Technik lernt man, sich auf das Wesentliche zu beschränken.

Fashion sketching

If you want to portray a figure fashionably, you must stylize it. In the field of fashion this means that the whole body must be stretched so that it appears very slim and slender. The neck should be drawn somewhat elongated, as should the upper part of the body down to the waist. When sketching in the legs completely you can afford to be particularly generous, since long, slim legs give the fashion model a particularly chic appearance.
The figure on the left shows how the proportions of a fashion sketch differ from those of the normal figure. Divide the whole figure into 8 head lengths again, and this time add the feet separately.
Always draw a vertical center line, starting at the throat. This line must always meet the supporting leg, otherwise the figure "falls over".
As already mentioned, the figure in a fashion sketch is generally slimmer than a natural body. The legs in particular may be a little longer in order to emphasize elegance.

Das Modezeichnen

Will man eine Figur modisch darstellen, muß man sie stilisieren. Das heißt, für den Bereich der Mode muß der ganze Körper gestreckt werden, damit er sehr schlank und schmal erscheint. Man zeichnet den Hals etwas länger, ebenso den Oberkörper bis zur Taille. Beim Zeichnen der gesamten Beinlänge kann man dann ganz besonders großzügig verfahren, da lange, schlanke Beine der Modefigur einen besonderen Schick verleihen.
Die nebenstehende Figur zeigt die Abweichung der Proportionen einer Modezeichnung gegenüber der Normalfigur. Man teile wieder in 8 Kopflängen, wobei diesmal die Füße extra zugegeben werden.
Man zeichne immer eine senkrechte Mittellinie, beginnend in der Halsgrube, die immer auf das Standbein treffen muß, sonst „fällt" die Figur. Die Figur einer Modezeichnung ist – wie schon erwähnt – meist schlanker als ein natürlicher Körper. Besonders die Beine dürfen etwas länger sein, um die Eleganz zu betonen.

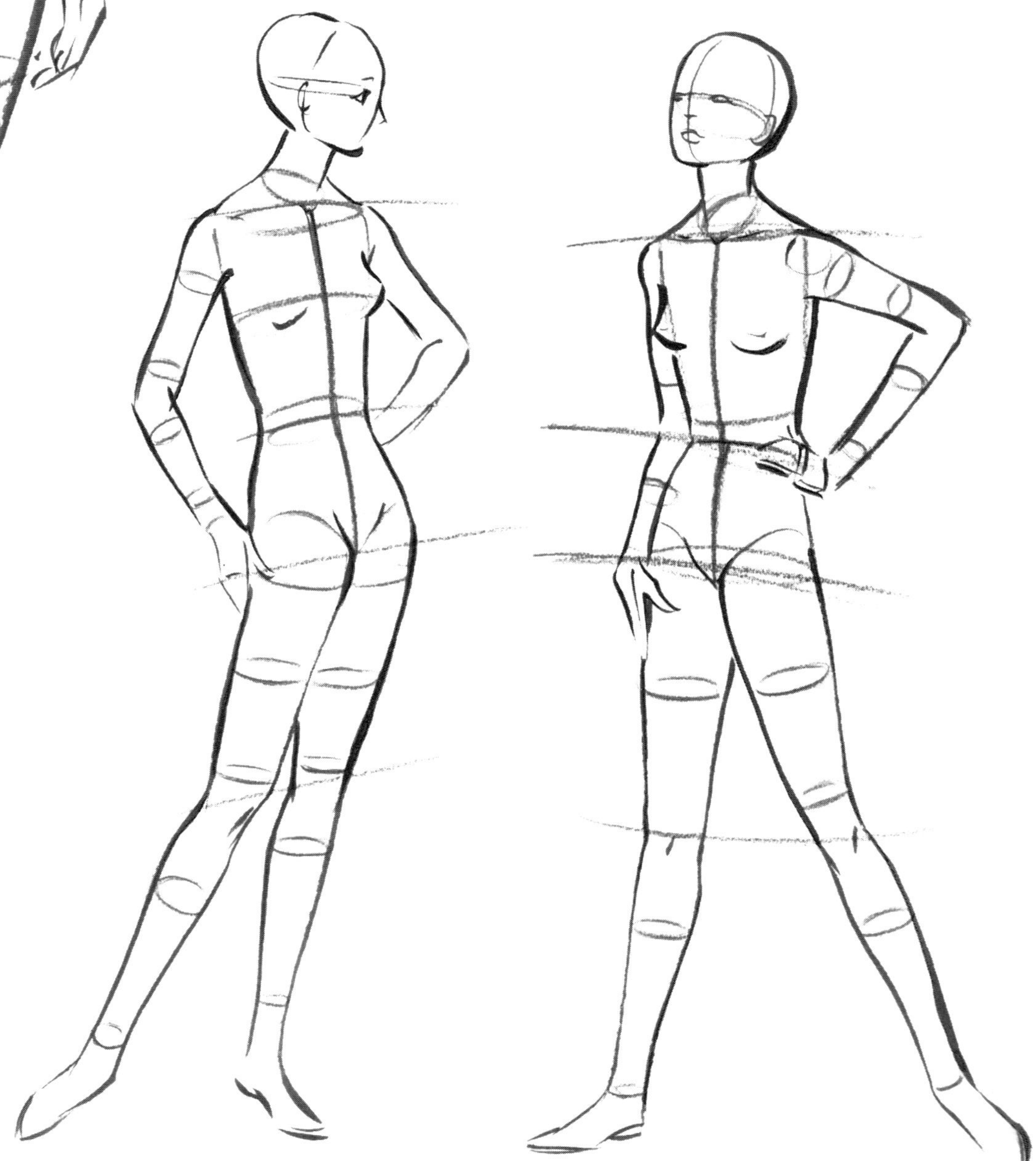

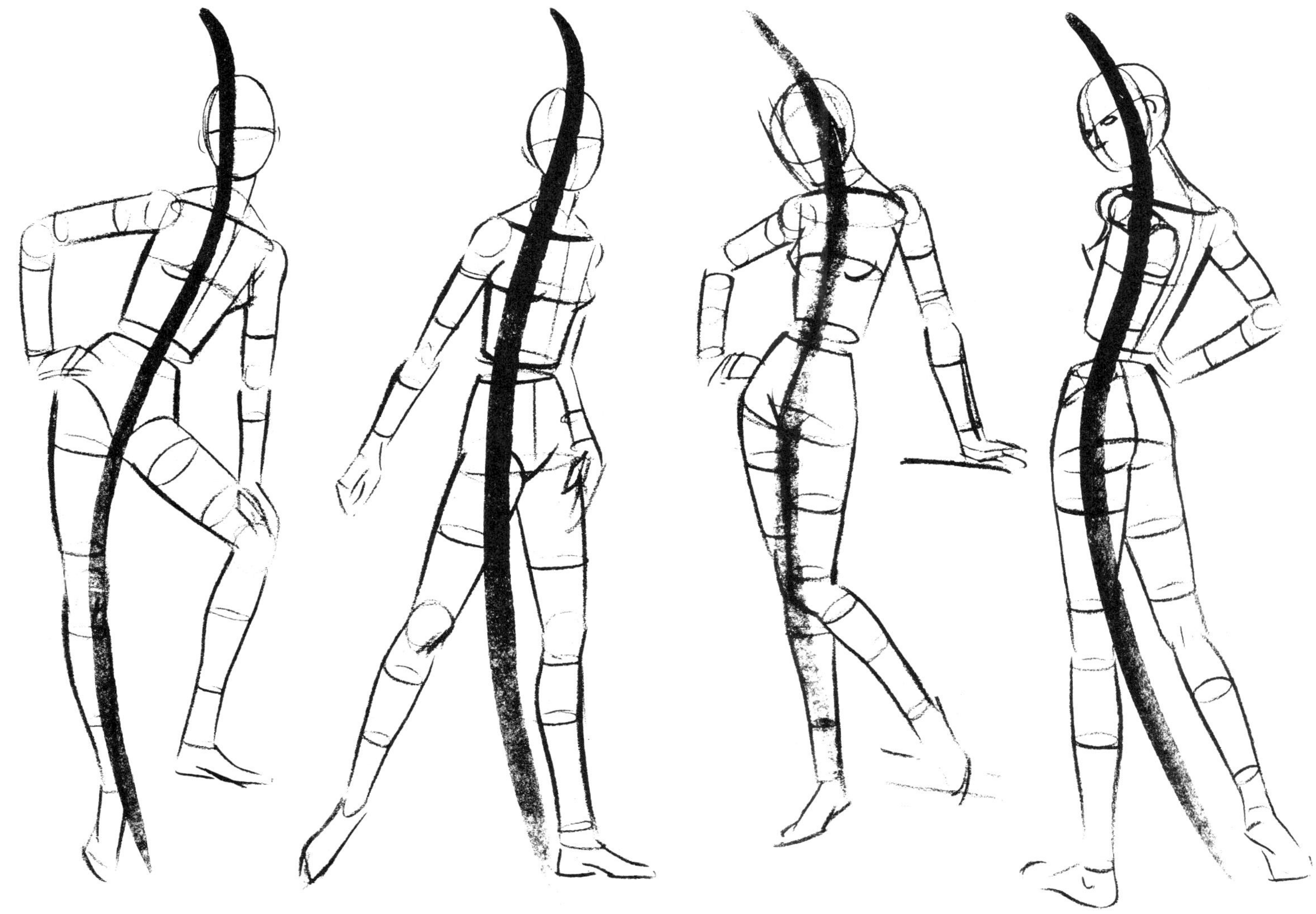

Movements · Bewegungen

The sketches on this page and the next page are intended to be an exercise in how to recognize the movement of a figure correctly. Before starting a sketch ask yourself the following questions. On which foot is the figure standing (supporting leg), where is it moving to, in which direction is it looking, which way is it turning? Above all make sure that the figure is balanced properly and is not about to fall over. Draw a vertical line from the throat to the inside of the supporting leg's ankle. With light, auxiliary lines indicate the direction of the head, the shoulders, the waist and the hips.
The thick, dark lines in the examples shown here represent the line of movement running through the body. They serve to allow better recognition of the typical posture in each case.
In the case of movement sketches too – only practice makes perfect. If you do not have a live model, you can use good photos instead.

Die Skizzen auf dieser und der nächsten Seite sollen eine Übung sein, um die Bewegung einer Figur richtig zu erkennen. Bevor man mit einer Zeichnung beginnt, überlege man folgendes: Auf welchem Bein steht die Figur (Standbein), wohin bewegt sie sich, wohin schaut sie, dreht sie sich?
Man achte auch vor allem darauf, daß sie richtig ausbalanciert ist und nicht umfällt. Man ziehe die Senkrechte von der Halsgrube zum Innenknöchel des Standbeines, man gebe mit leichten Hilfslinien die Richtung des Kopfes, der Schultern, der Taille und Hüften an.
Die dunklen, dicken Linien in den gezeigten Vorlagen geben die Bewegungslinie an, die durch den Körper verläuft. Sie dient dazu, die jeweils typische Haltung besser zu erkennen.
Auch für die Bewegungsskizzen gilt, daß nur die Übung Fortschritte bringt. Wenn man kein lebendes Modell hat, kann man ersatzweise auch gute Fotos benutzen.

Movements
Bewegungen

The dress · Das Kleid

Before sketching a nude figure for a dress you must first decide which pose will show off the dress to its best advantage. The specific characteristic feature of a fashion must be especially emphasized and under certain circumstances it must even be exaggerated a little. Only in this way will you achieve a fashionably interesting and constantly new presentation.

Bevor man die Aktfigur für ein Kleid zeichnet, muß man sich darüber klarwerden, welche Körperhaltung das Kleid am besten zur Geltung bringt. Das jeweils Charakteristische einer Mode muß besonders betont und unter Umständen etwas übertrieben festgehalten werden. Nur dann erreicht man eine modisch interessante und immer wieder neue Darstellung.

The nude figure …
Die Aktfigur …

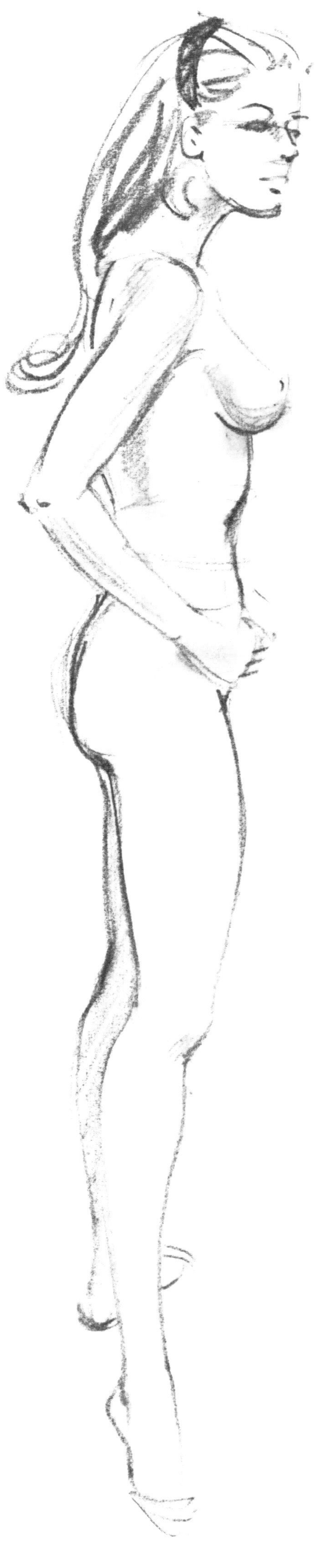

and the garments sketched over it
und die darüber gezeichnete Kleidung

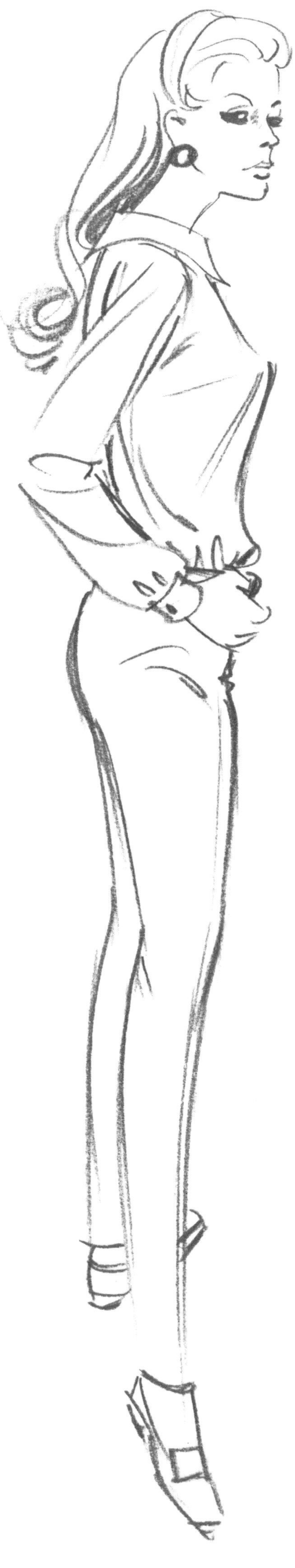

Nude figure
and the same figure with a dress

Aktfigur
und dieselbe Figur mit Kleid

The movement folds
Die Bewegungsfalten

A very important factor when sketching any garment is represented by the folds which result from the posture of the figure (the so-called movement folds). The novice often makes the mistake of sketching in too many folds.
A distinction is made between two typical kinds of folds which appear. On the one hand, these are folds resulting from the material being stretched tightly between two points. This is generally the case at a joint (elbow, hip-bone, knee). On the other hand, there are loose folds which develop on the opposite side of the taut fabric (in the hollow of the elbow, at the waist).

Etwas sehr Wichtiges beim Zeichnen jeglicher Bekleidungsstücke sind die Falten, die durch die Haltung der Figur entstehen (die sog. Bewegungsfalten). Der Anfänger macht oft den Fehler, zu viele Falten einzuzeichnen.
Man unterscheidet zwei typische Arten von entstehenden Falten: Einmal die Falten, die durch Straffen des Stoffes zwischen zwei Punkten entstehen. Dies ist gewöhnlich bei einem Gelenk (Ellenbogen, Hüftknochen, Knie) der Fall. Zum anderen die Lockerungsfalten, die sich auf der gegenüberliegenden Seite des gestrafften Stoffes bilden (in der Ellenbogenbeuge, an der Taille).

Movement folds,
which result from the posture in the fabric.

The over-emphasized folds on this page are always only roughly indicated. They are important, however, because they show the posture and the body beneath the dress.

Bewegungsfalten,
die durch Körperhaltung im Stoff entstehen.

Die auf dieser Seite überbetonten Falten werden immer nur angedeutet. Sie sind aber wichtig, weil sie die Haltung und den Körper unter dem Kleid zeigen.

Important points in fashion sketching
Wichtige Punkte bei der Modezeichnung

A few important details are shown on this page which often occur repeatedly in fashion sketching.

Auf dieser Seite werden einige wichtige Details gezeigt, die sich beim Modezeichnen oft wiederholen.

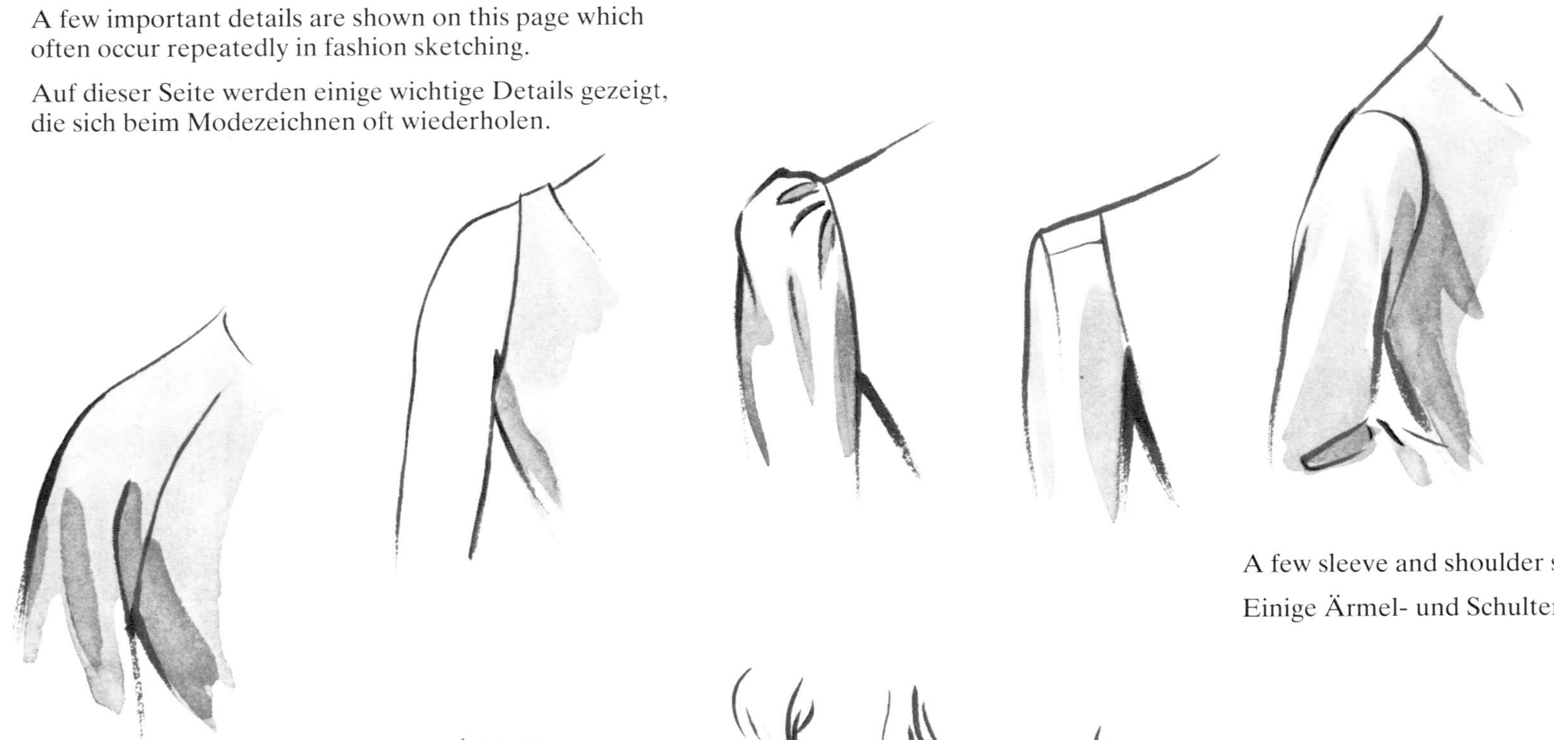

A few sleeve and shoulder solutions

Einige Ärmel- und Schulterlösungen

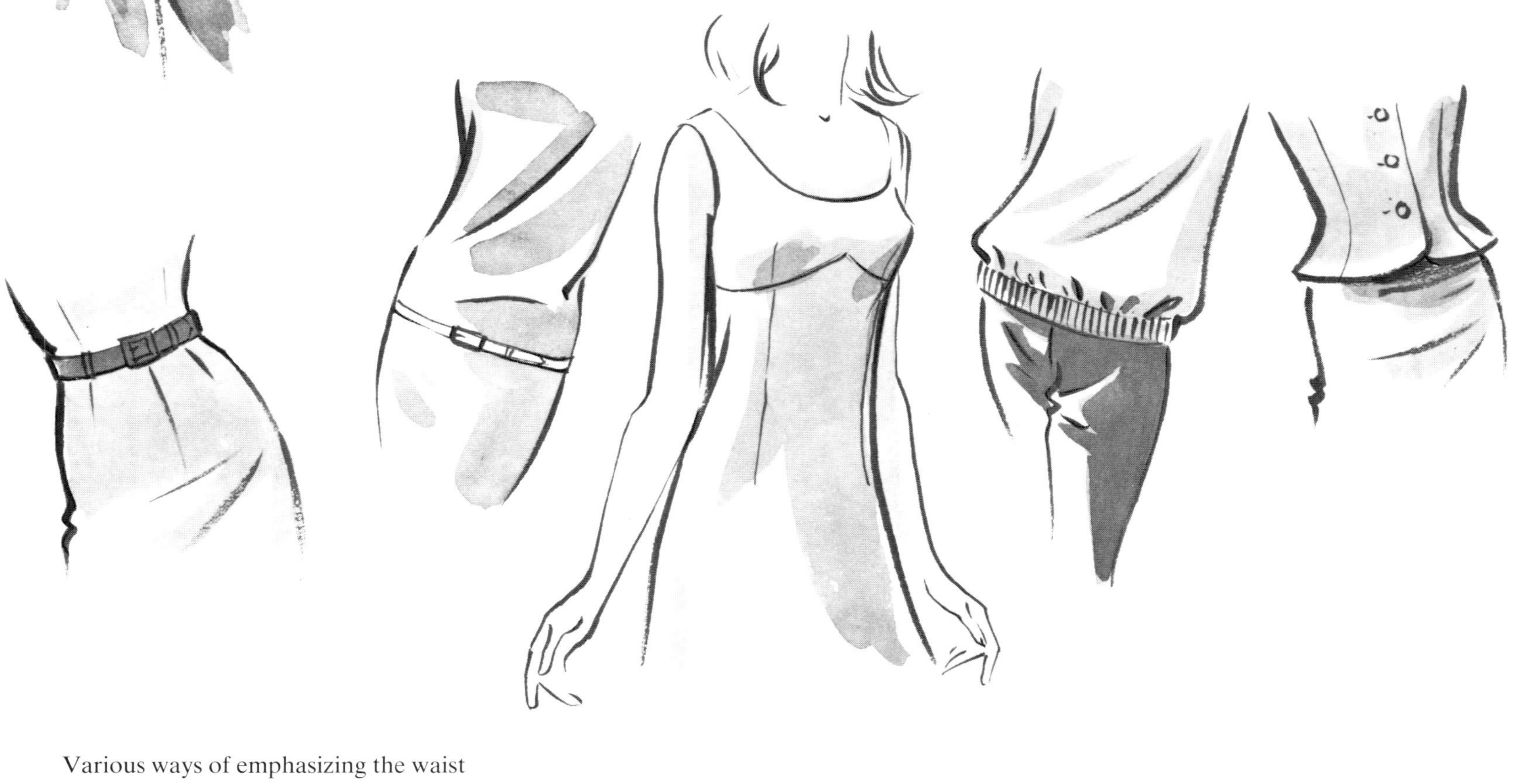

Various ways of emphasizing the waist

Verschiedene Formen der Taillenbetonung

Collar and neckline solutions

Kragen- und Ausschnittlösungen

Changing fashions · Modewechsel

The sketches on this page illustrate fashion changes of the silhouette. At the start of each fashion season it is important to examine the fashion changes in great detail, as these can be very important even if they appear to be slight.
For example, the waistline may slip up or down by only a few centimeters, it may become narrower or looser. The shoulderline may have altered a little. The skirt width can change, pockets and buttons may be placed in new positions, etc., etc. The eternal changes in the fashion scene must be constantly and alertly observed and recorded by everyone in the fashion "game".

Die Zeichnungen dieser Seite erläutern modische Veränderungen der Silhouette. Zu Beginn jeder Modesaison muß man sich mit den modischen Veränderungen sehr eingehend befassen, die, auch wenn sie scheinbar geringfügig sind, sehr wichtig sein können.
Es kann z. B. die Taille nur um einige Zentimeter höher oder tiefer rutschen, enger oder weiter werden, es kann die Schulterlinie ein wenig verändert werden, die Weite der Röcke kann wechseln, Taschen und Knöpfe können neu plaziert sein usw. usw. Das ewige Wechselspiel der Mode muß von jedem, der sich mit Mode befaßt, ständig wachsam beobachtet und registriert werden.

Folds and pleats · Falten

The top row shows skirts with folds and pleats resulting from the pattern. We call these **pattern folds.** The bottom 4 skirts show folds resulting from the posture and movement. These are the **movement folds.**

In der oberen Reihe sind Röcke dargestellt, deren Falten und Glocken aus dem Schnitt heraus entstanden sind, sogenannte **Schnittfalten,** während die unteren 4 Röcke Falten zeigen, die aus der Körperhaltung und Bewegung entstanden sind. Das sind die **Bewegungsfalten.**

Examples of pattern and movement folds
Beispiele für Schnitt- und Bewegungsfalten

The various sketching techniques

It is now time to deal with the various sketching techniques. At the beginning you chiefly need a pencil to draw with, it becomes your handiest tool. You record your ideas quickly with it, you sketch with it, you start each design with a pencil drawing. A soft pencil is suitable for quick sketching, for instance HB, B, 1-2 B. You will have to try these out for yourself to see which suits you best. The hardness of the pencil also depends on the type of paper used. For example, if you use a rough, transparent paper, the pencil need not be soft. This rule applies generally for other rough paper too. Plain typewriter paper and a B pencil are ideal for fast sketching and designing. The softer the pencil, the broader the lines you can achieve. H pencils are not suitable for such work, they are only intended for technical drawings. You should try out the various types of pencil before doing any serious work, sketching all kinds of lines, surfaces and shapes. A pencil drawing is easily smudged. To prevent this, it is advisable to spray the finished drawing with a fixative. If you now want to execute a draft, it is best to use a not too rough transparent paper and a not too soft pencil to start with the preparatory sketch. The advantage of the transparent paper is that you can see through it. Interrupt your work from time to time to turn the paper over and hold it against the light. The sketcher will discover that mistakes can be recognized much more easily from the rear of the sketch.
If the pencil sketch turns out to be satisfactory, fill in the back of the page with dense shading extending beyond the contours, using a soft pencil. Then attach a clean sheet of drawing paper to a drawing board with thumbtacks or strips of adhesive tape, place the sketch on this with the right side on top and then trace over the contours with a harder pencil. You now have a clean preparatory sketch on the sheet. The drawing paper should not be too thin, by the way. It is best to use drawing cardboard, as lighter grades tend to become wavy when Indian ink is used.
The next step is to moisten the whole sheet with a sponge which is not too wet, in order to remove any greasy spots and to make the paper more absorbent. If you only wish to trace the outlines with Indian ink, i.e. if you want to produce a pure line drawing, it is sufficient to work the sheet over well with an eraser. For further execution of the sketch you can now use the following materials: brush, pen, cartridge/fountain pen or chalk stick.

Indian ink, tempera or watercolor

Before you start to draw or paint, you should make a small sketch using the shade graduations to be applied. Contrasts are of great importance here. Keep practicing how to represent large surface areas. Start at the top and do not touch the same place twice with a brush if it is still wet. If the shade turns out to be too light, allow it to dry well first before going over it again quickly. Set the drawing board at a slight angle and take up generous amounts of paint with your brush. Depending on the size of the drawings, use brush nos. 6 to 8 with a good tip. (Only repeated practice in all techniques will produce success!) Each technique can be used individually or mixed with the others. You will have to find out for yourself with which kind of material and which technique you are happiest. The various sketching techniques are described on the following pages.

Die verschiedenen Zeichentechniken

Nun ist es an der Zeit, sich mit den verschiedenen Zeichentechniken zu befassen.
Am Anfang benötigt man hauptsächlich den Bleistift zum Zeichnen, er wird das gebräuchlichste Handwerkszeug sein. Man wird seine Ideen schnell damit festhalten, man wird damit skizzieren, man wird jeden Entwurf mit einer Bleistiftzeichnung beginnen. Zum schnellen Skizzieren ist ein weicher Bleistift geeignet, etwa die Nummer HB, B, 1-2 B. Man muß selbst versuchen, welcher Stift einem am meisten zusagt. Der Härtegrad des Bleistiftes hängt auch davon ab, welche Art von Papier verwendet wird. Verwendet man z. B. ein rauhes Transparentpapier, so braucht der Stift nicht weich zu sein, diese Regel gilt generell auch für anderes rauhes Papier. Zum schnellen Skizzieren und Entwerfen eignen sich sehr gut ein einfaches Schreibmaschinenpapier und ein Bleistift Nr. B. Je weicher der Stift ist, um so breitere Striche erzielt man. H-Stifte eignen sich nicht für diese Arbeiten, sie sind nur für technische Zeichnungen bestimmt. Man muß die verschiedenen Stifte erst einmal spielerisch verwenden und alle möglichen Arten von Linien Flächen und Formen darstellen. Eine Bleistiftzeichnung verwischt leicht. Um das zu vermeiden, ist es ratsam, die fertige Zeichnung mit Fixativ zu besprühen. Will man nun an die Ausführung eines Entwurfes gehen, so ist es am besten, ein nicht zu rauhes Transparentpapier zu nehmen und einen nicht zu weichen Bleistift, um mit der Vorzeichnung zu beginnen. Das Transparentpapier hat den Vorzug, daß es durchsichtig ist. Während des Skizzierens unterbricht man hin und wieder seine Arbeit, um das Ppaier umzuwenden und gegen das Licht zu halten. Der Zeichner wird entdecken, daß man auf der Rückseite der Skizze seine Fehler viel besser erkennen kann.
Ist die Bleistiftskizze nun zur Zufriedenheit ausgefallen, so füllt man die Rückseite der Skizze – noch über die Konturen hinaus – mit einer dichten Schraffierung eines weichen Bleistiftes aus. Dann heftet man einen sauberen Zeichenbogen mit Reißstiften oder Klebestreifen auf ein Reißbrett, legt die Skizze, rechte Seite nach oben, darauf und zeichnet mit einem härteren Bleistift die Konturen nach. Nun hat man eine saubere Vorzeichnung auf dem Bogen. Zu dem Zeichenbogen sei noch gesagt, daß er nicht zu dünn sein soll, am besten ein Zeichenkarton, da er sich sonst beim Tuschen wellt.
Als nächstes feuchten wir das ganze Papier mit einem nicht zu nassen Schwämmchen an, um fette Stellen zu entfernen und es saugfähiger zu machen. Will man nur die Konturen mit Tusche nachziehen, also eine reine Strichzeichnung machen, so genügt es auch schon, wenn man den Bogen gut abradiert. Zur weiteren Ausführung kann man nun folgendes Material verwenden: Pinsel, Feder, Zeichenfüller oder Kreidestift.

Tusche, Tempera- oder Aquarellfarbe

Bevor man zu tuschen beginnt, mache man eine kleine Skizze über die Tonabstufungen, die angebracht werden sollen. Kontraste sind hierbei von großer Bedeutung. Man übe immer wieder das Anlegen von großen Flächen, beginne oben und gehe mit dem Pinsel nicht zweimal über dieselbe Stelle, wenn diese noch naß ist. Wenn der Ton zu hell ausgefallen ist, erst gut trocknen lassen, erst dann kann man noch einmal schnell darüber tuschen. Man hält das Zeichenbrett leicht schräg und nimmt reichlich Farbe in den Pinsel. Je nach Größe der Zeichnungen verwendet man den Pinsel Nr. 6 bis 8 mit guter Spitze. (Nur ständiges Üben in allen Techniken bringt Erfolg!) Jede Technik kann für sich, aber auch miteinander vermischt angewandt werden. Man muß selbst herausfinden, welche Art des Materials, welche Technik einem am meisten liegt. Auf den folgenden Seiten werden die Zeichentechniken im einzelnen erläutert.

Ways of depicting surface areas
Möglichkeiten der Flächengestaltung

A pure black-and-white drawing is shown on this page. The contours have been worked with a brush, as has the black surface. The lace on the blouse and the patterns on the hat of the figure on the right have been drawn with a pen.
The skirt, hat and jacket of the left-hand figure on this page and the complection of the half figure have been rubbed on from a special "half-tone" paper. It is also possible to glue half-tone foil in place. Such half-tone foils are available in shops specializing in artists' materials.

Auf dieser Seite wird eine reine Schwarz-Weiß-Zeichnung gezeigt. Die Konturen sind mit dem Pinsel gearbeitet, die schwarze Fläche ebenso. Die Spitze an der Bluse und das Muster im Hut der rechten Figur sind mit der Feder gezeichnet.
Hut, Rock und Jacke der linken Figur auf dieser Seite und auch der Hautton der Halbfigur sind von einem Spezial-Rasterpapier aufgerieben. Man kann auch Rasterfolie aufkleben. Rasterfolien gibt es in sehr vielen Mustern und sind in Zeichenspezialgeschäften zu bekommen.

Brushed sketch · Pinselzeichnung

A brushed sketch is illustrated on this page. In order to obtain a good sketch you must use the best brushes. The brush must have an excellent tip. You can check this by wetting the brush, shaking it out and then examining it to see whether any hairs project. After you press the brush onto the paper it must spring back into its original form when you raise it again. You can use Scriptol or Indian ink. Tempera paints are good too.
The brush is a very supple and versatile tool. In order to master it correctly, practice making strokes and curves, fine lines and thick lines etc.
You will discover that drawing a brush over the paper slowly will produce a firm, cohesive stroke, whereas a swift movement of the brush produces a rough, interrupted effect, as in the coat at the bottom left. The grain of the paper also plays a role. It is left to the imagination of each individual sketcher to discover new effects.

Hier wird eine Pinselzeichnung dargestellt. Um eine gute Zeichnung zu erzielen, muß man die besten Pinsel verwenden. Der Pinsel muß eine ausgezeichnete Spitze haben. Man prüfe dies, indem man den Pinsel naß macht, ausschlägt und dadurch kontrolliert, ob keine Härchen überstehen. Wenn man ihn auf das Papier drückt, muß er beim Hochnehmen wieder in seine ursprüngliche Form zurückspringen. Man kann Scriptol oder Tusche verwenden; auch Temperafarbe eignet sich gut. Der Pinsel ist ein sehr schmiegsames und vielseitig verwendbares Werkzeug. Um ihn richtig zu beherrschen, übe man Striche und Kurven, feine und dicke Linien usw. Hierbei wird man entdecken, daß ein langsam über das Papier gezogener Pinsel einen fest zusammenhängenden Strich ergibt, während ein schnell darüber gewischter Pinsel einen durchbrochenen, rauhen Effekt ergibt, wie bei dem Mantel links unten. Die Körnung des Papiers spielt dabei auch noch eine Rolle. Es bleibt der Fantasie jedes einzelnen überlassen, hier neue Effekte zu finden.

This shows you the sequence in which an Indian ink sketch is produced.

Hier wird gezeigt, in welcher Reihenfolge eine Tuschezeichnung entsteht.

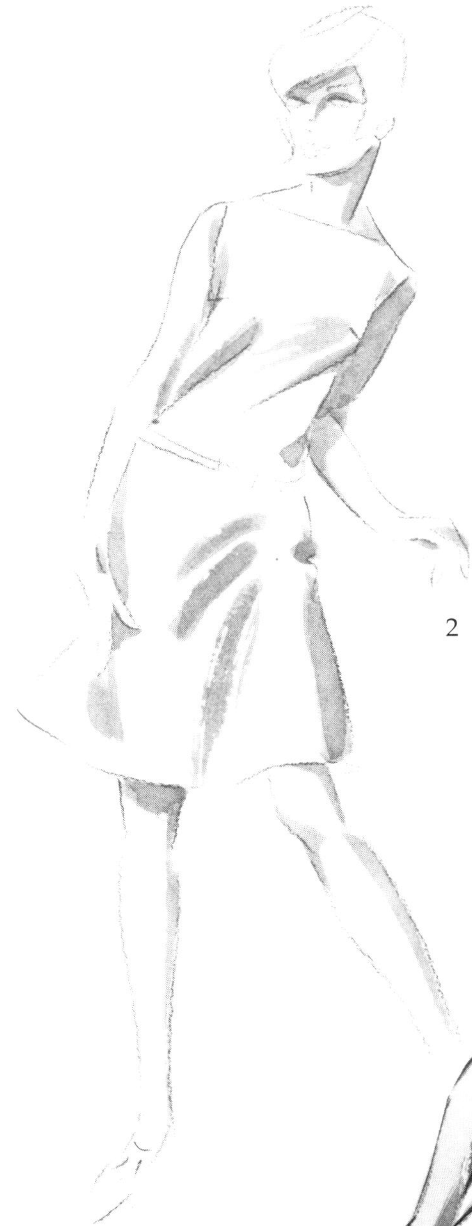

2

1

4

3

Drawing 1: Sketch the desired posture

Drawing 2: The finished preparatory sketch, drawn through and traced, with the shaded areas being indicated.

Drawing 3: The various shades placed over the shaded areas.

Drawing 4: Finally the contours and any patterns are inserted.

Zeichnung 1: Skizzieren der gewünschten Stellung.

Zeichnung 2: Die fertig durchgezeichnete und aufgepauste Vorzeichnung mit der Andeutung der Schattenflächen.

Zeichnung 3: Die über die Schattenflächen gelegten verschiedenen Abtönungen.

Zeichnung 4: Zuletzt werden die Konturen und eventuelle Muster eingefügt.

How to show different types of fabric
Darstellung verschiedener Stoffarten

1

1 Silk · Seide

Silk falls softly and must therefore be given soft, rounded shadows.

Seide fällt weich und muß demzufolge weich verlaufende, runde Schatten haben.

2

2 Chiffon · Chiffon

Transparent fabrics must have light, airy contours which can be achieved with very thin brush or pen strokes.

Durchsichtige Stoffe müssen zarte, duftige Konturen erhalten, die man mit sehr dünnen Pinsel- oder Federstrichen erzielt.

3

3 Taffeta · Taft

Firm, glossy fabrics are characterized by strongly contrasting areas of light and shade.

Starre, glänzende Stoffe markiert man durch stark kontrastierende Licht- und Schattenflächen.

4

4 Velvet · Samt

Velvet and velvety fabrics absorb a lot of light and only show more or less clear highlights here and there. It is best to show these with lightish, covering paints on top of the filled-in surface area.

Samt und samtartige Stoffe verschlucken viel Licht und weisen nur hier und da mehr oder weniger deutliche Glanzlichter auf. Am besten setzt man diese mit hellerer Deckfarbe hinterher auf die angelegte Fläche.

5 Tweed · Tweed

Apply a uniform color shade as a base and then sketch in the desired pattern on top of this in various shades.

Einen gleichmäßigen Farbton als Untergrund anlegen und auf diesen das gewünschte Muster in verschiedenen Farbtönen einzeichnen.

5

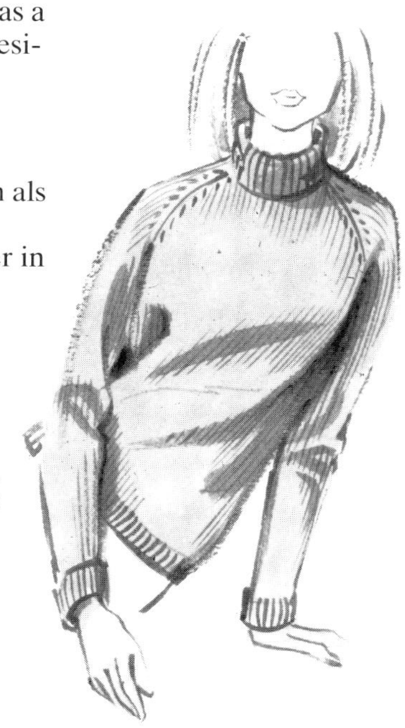

6

6 Knitwear · Strick

Knitted goods have soft, round contours. It is expedient to just indicate the knit pattern.

Strickwaren haben weiche, runde Konturen. Das Strickmuster ist zweckmäßigerweise nur anzudeuten.

9

7

7 Wool fabrics · Wollstoffe

A smooth colored surface serves as a basis and the more or less coarse structure of the fabric is drawn in with a pencil held at a flat angle which is guided lightly over the rough drawing paper as in the example shown here.

Eine glatte Farbfläche dient als Grundlage, auf der man die mehr oder weniger grobe Struktur des Stoffes mit einem flach gehaltenen Bleistift, den man leicht über das rauhe Zeichenpapier führt, erzielt, wie bei unserem Beispiel.

9 Poplin · Polpeline

Poplin is a smooth, thin fabric which is best illustrated by not too heavy contours and lighter shadows.

Popeline ist ein glatter, dünner Stoff, der am besten durch nicht zu schwere Konturen und leichtere Schatten dargestellt wird.

8

8 Towelling · Frottee

Towelling is a thick, nubbed fabric which can be represented by interrupted contours.

Frottee ist ein dickes, noppiges Material, das man gut durch unterbrochene Konturen darstellen kann.

10

10 Camel-hair · Kamelhaar

Camel-hair must appear to be soft and voluminous, which you can achieve with a roughly brushed contour.

Kamelhaar muß weich und füllig wirken, was man durch eine rauhe Pinselkontur ausdrücken kann.

Furs · Pelze

Particularly good techniques are required for sketching furs.

Pelze zeichnerisch darzustellen erfordert eine besonders gute Technik.

1 Mink · Nerz

When illustrating mink the whole surface of the drawing should be brushed over with clear water. Draw in the shadows and the structure of the fur while the paper is still rather wet. The paint runs a little and this produces the desired softness. It is then no longer absolutely necessary to draw in individual hairs.

Bei der Darstellung von Nerz wird die ganze Fläche der Zeichnung mit klarem Wasser überstrichen. In die noch ziemlich nasse Fläche zeichnet man mit Farbe die Schatten und die Struktur des Pelzes ein. Die Farbe läuft hierbei etwas aus, was die erwünschte Weichheit ergibt. Einzelne Härchen zu zeichnen ist dadurch nicht mehr unbedingt notwendig.

1

2 Broadtail · Breitschwanz

Start again by producing a wet surface area in which the shadows are sketched with strong color and the highlights are left free.
In the case of long-haired furs, sketch the hairs lightly in the surface area prepared in the same way as for mink.

Man beginnt wieder mit dem Anlegen der nassen Fläche, in die man mit kräftiger Farbe die Schatten gibt und die Glanzlichter frei läßt.
Bei langhaarigen Pelzen zeichnet man in die – wie bei Nerz vorbereitete – Fläche noch die Haare leicht ein.

2

3

3 Persian lamb · Persianer

Sketch an all-over pattern of knots and coils with a pointed brush, showing darker and lighter areas.

Mit spitzem Pinsel zeichnet man ein Schlingenmuster neben- und übereinander, wobei man gleichzeitig heller und dunkler modellieren kann.

4 Sealskin · Seal

To show sealskin use the same procedure as for mink. Start with a wet surface and sketch in the pattern or shading with weaker and stronger areas.

Bei Seal arbeitet man genauso wie bei Nerz, beginnt mit der nassen Fläche, in die man die jeweilige Musterung oder Schattengebung schwächer oder kräftiger einsetzt.

4

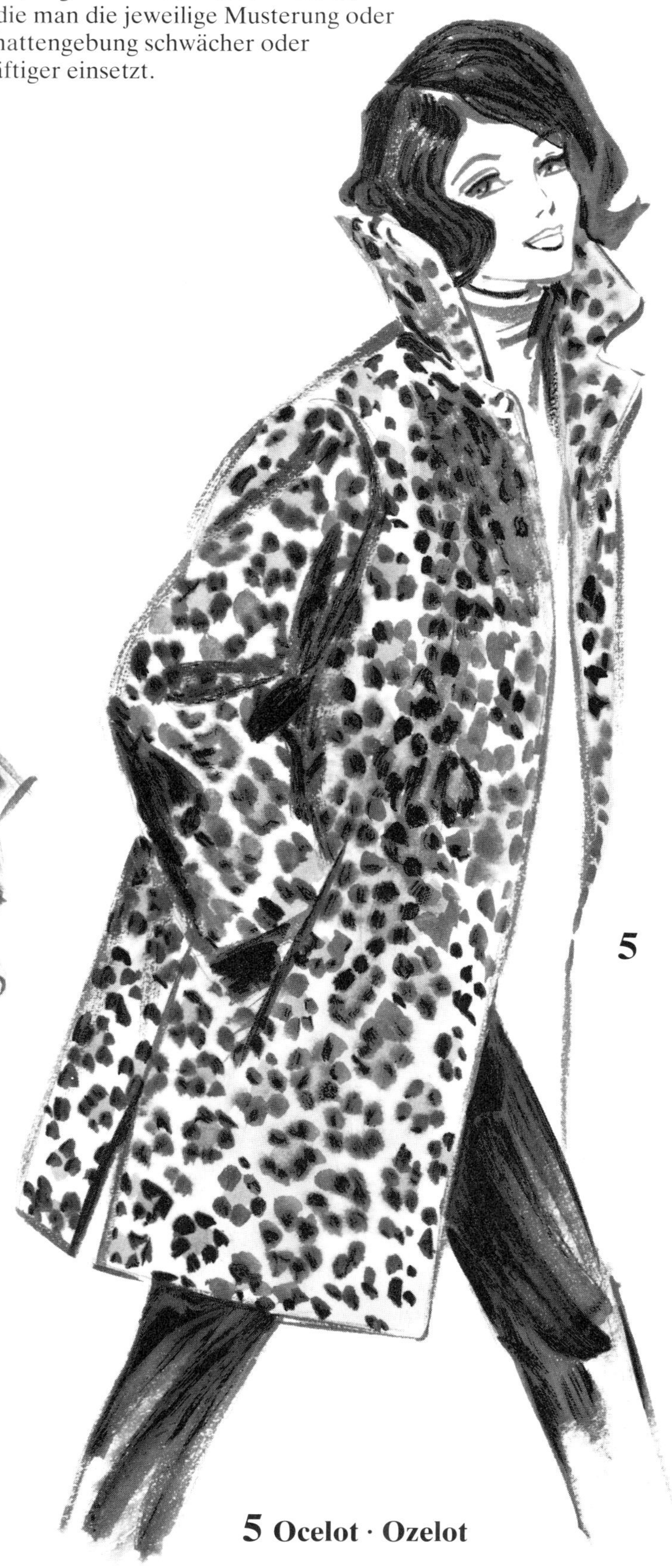

5

5 Ocelot · Ozelot

6

6 Beaver · Biber

In order to demonstrate the softness of the skin, apply the shades to the still wet base (wet-on-wet technique)

Um die Weichheit des Felles auszudrücken, setze man auch hier die Schatten auf die noch nasse Grundfläche (Naß-in-Naß-Technik).

Casual elegance
Sportliche Eleganz

The posture of the figure must always match the type of clothing.

Die Haltung der Figur muß immer dem Typ der Kleidung entsprechen.

Casual and relaxed
Sportlich leger

Leisure style · Freizeitstil

The sketch can contain plenty of movement, but the design must still be recognizable.

Die Art der Zeichnung kann hierbei bewegt sein, muß aber das Modell immer noch erkennen lassen.

Lingerie · Wäsche

The figures may also be full of movement for lingerie drawings too.
It is important that the characteristics of the fabric used can be recognized. Chiffon, for instance, must be sketched much more airily than poplin. In the case of lace the pattern must be drawn in without the whole losing its lightness.

Bei Wäschezeichnungen kann die Körperhaltung auch sehr bewegt sein.
Wichtig ist, daß man die Eigenart des verwendeten Materials erkennt.
Chiffon z. B. muß viel duftiger dargestellt werden als Popeline. Bei Spitze muß das Muster herausgearbeitet werden, ohne daß sie an Zartheit verliert.

Basic rules for child proportions

Age	Head length
3 – 5 years	5 times
6 – 9 years	6 times
10–14 years	7 times

Grundregel für die Proportionen des Kindes

Alter	Kopfhöhe
3 – 5 Jahre	5 mal
6 – 9 Jahre	6 mal
10–14 Jahre	7 mal

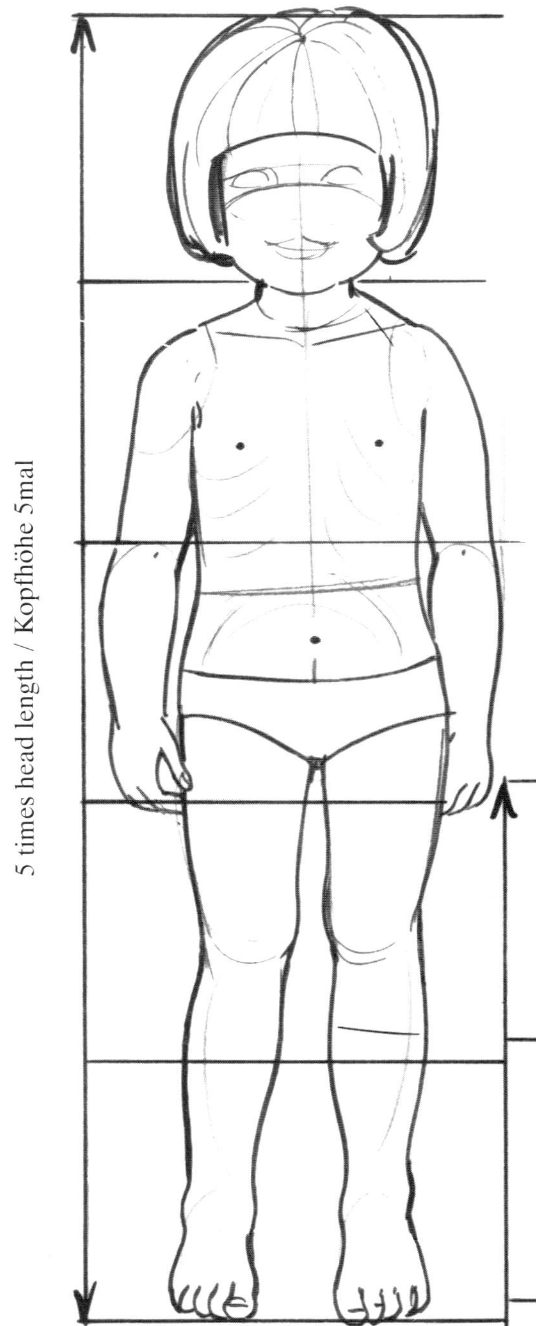

3–5 years / 3–5 Jahre

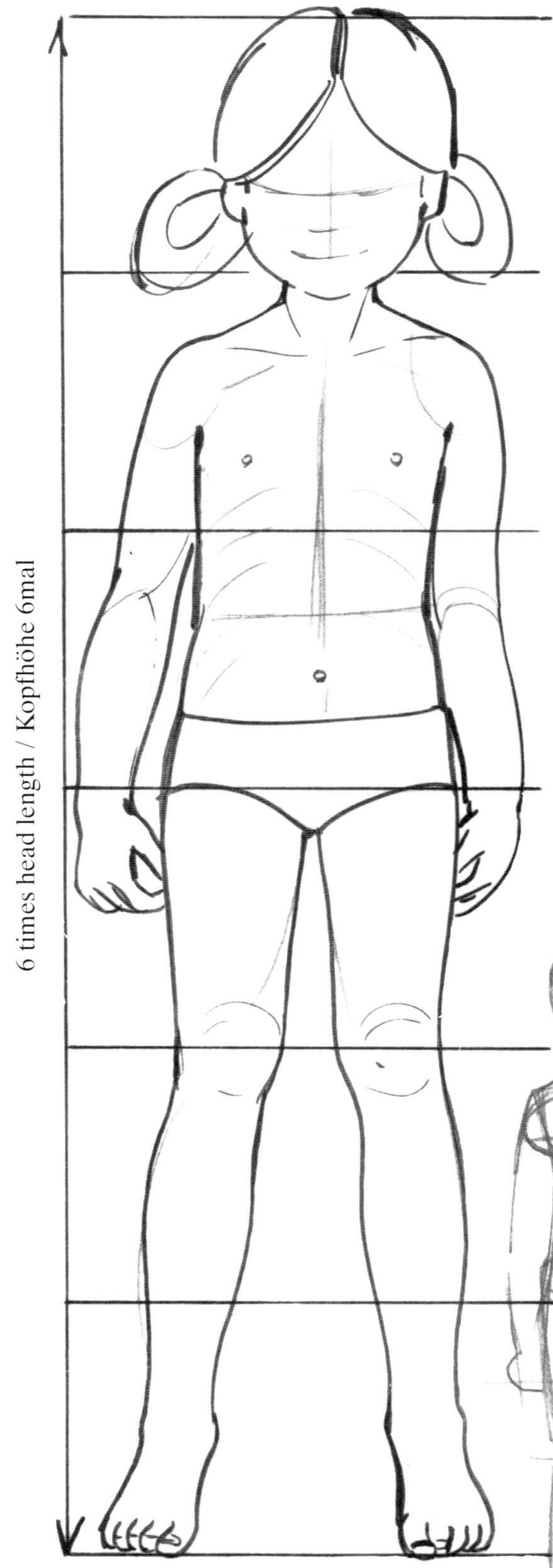

6–9 years / 6–9 Jahre

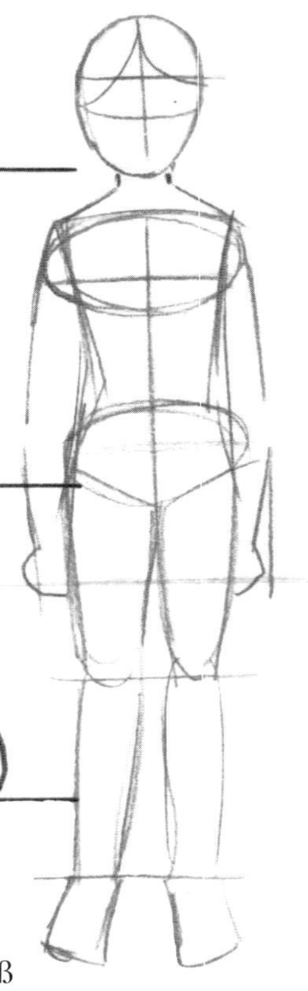

Outline / Grundriß

10–14 years / 10–14 Jahre

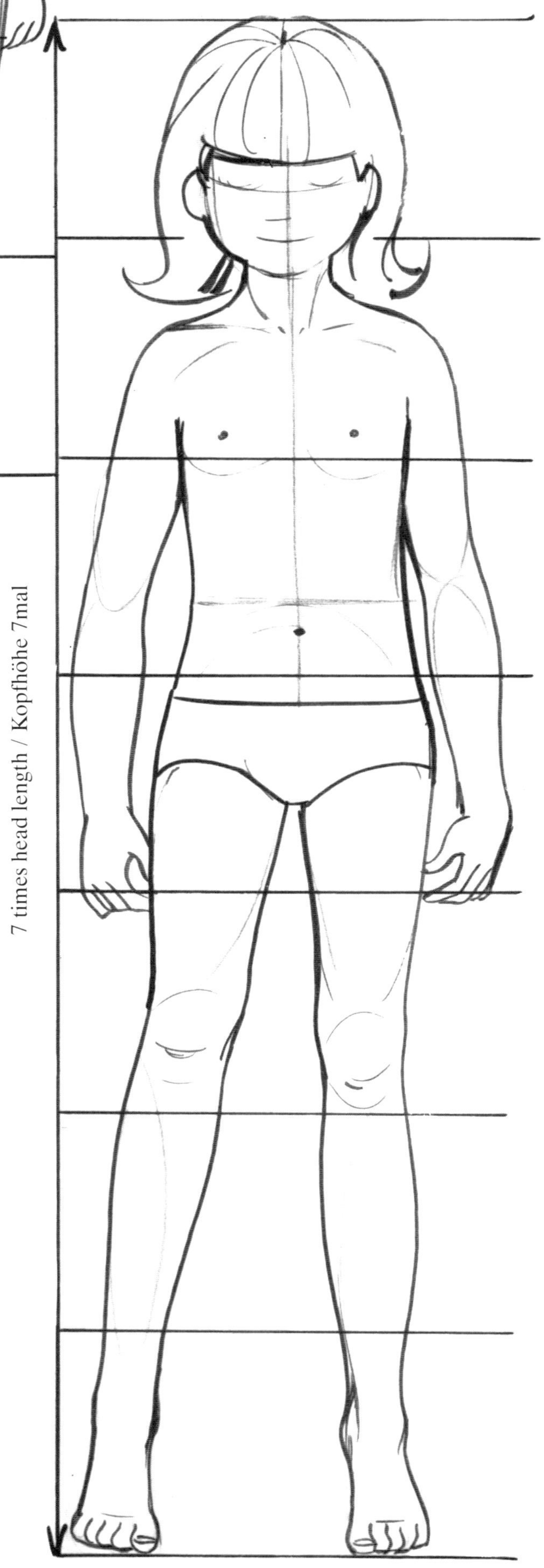

Simple stance / einfache Stellung

Head positions / Kopfhaltungen

The child figures

now with clothes

(simple stroke technique, pen drawing)

Die kindlichen Figuren

nunmehr in Kleidung

(Einfache Strichtechnik, Federzeichnung)

Figure outlines
Grundriß der Figur

Child figures with movement
Kinderfiguren in der Bewegung

Clothing transferred to the figures (brush technique)
Übertragung auf das Modell (Pinseltechnik)

Shadows – lightened black
Schatten – aufgehelltes Schwarz

Brushed sketches with shading and details
Pinselzeichnungen mit Schattierungen und Details

Jackets – blouses – half figure
Jacken – Blusen – Halbfigur

The same pose – different head positions

Die gleiche Haltung – verschiedene Kopfstellungen

The stripe pattern follows the direction of the fabric edge.

Die Streifenmusterung hat die gleiche Richtung wie die Stoffkante

Examples of different types of fabrics and patterns

Beispiele für verschiedene Stoffarten und -muster

Photo-like figures in motion, ready for the printer

Druckfertige, photoähnliche Figuren in Bewegung

Like children's faces, children's hats have rounded proportions.

Kinderhüte haben, wie Kindergesichter, rundliche Proportionen.

Male proportions
Männliche Proportionen

The proportions of a male head are different to those of a female head. The man's head from the tip of his chin to the eyebrows is larger in relation to the whole head than is the case with a woman's head. The protruding eyebrows lie closely over the eyes. The jaw is strong and the face distinctive. It is advisable to divide the body into 7 ½ times the length of the head. Measured from top to bottom: crown, tip of the chin, nipples, navel, lower edge of buttocks. Measured from bottom to top: sole, mid-calf, knee, mid-thigh, groin.
The arms are equivalent to three times the length of the head from the shoulder to the tip of the middle finger. From the elbow to the wrist is equivalent to one head length. The shoulder width, including the muscles of the upper arms, is equivalent to two times the length of the head.
The buttocks are 1 ⅓ times the length of the head.

•

Der Kopf des Mannes ist in seinen Proportionen anders als der Kopf der Frau. Das Gesicht von der Kinnspitze bis zu den Augenbrauen ist im Verhältnis zum ganzen Kopf größer als bei der Frau. Die hervortretenden Brauen liegen dicht über den Augen. Der Unterkiefer ist kräftig und das Gesicht markant.
Den Körper teilen wir am besten in 7 ½ Kopflängen ein. Von oben nach unten gemessen: Scheitel, Kinnspitze, Brustwarzen, Nabel, untere Gesäßkante. Von unten nach oben gemessen: Fußsohle, Wadenmitte, Knie, Oberschenkelmitte, Leistenmitte. Die Arme messen von der Schulter bis zur Spitze des Mittelfingers drei Kopflängen. Achselhöhle bis Ellenbogen eine Kopflänge. Vom Ellenbogen bis zum Handgelenk auch eine Kopflänge. Die Schulterbreite einschließlich Oberarmmuskeln sind zwei Kopflängen. Gesäßbreite beträgt 1 ⅓ Kopflänge.

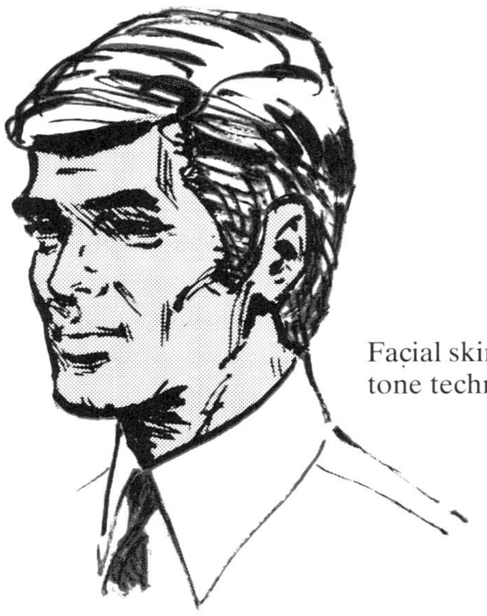

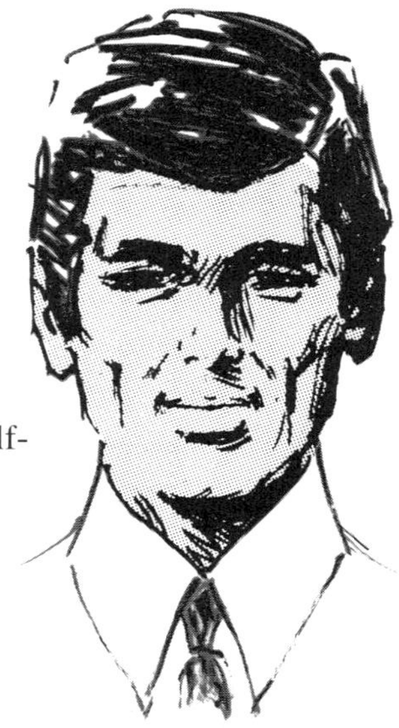

Facial skin in half-tone technique

Die Gesichtsfläche in Rastertechnik.

Diagrammatic division of the male body
Schematische Körperaufteilung

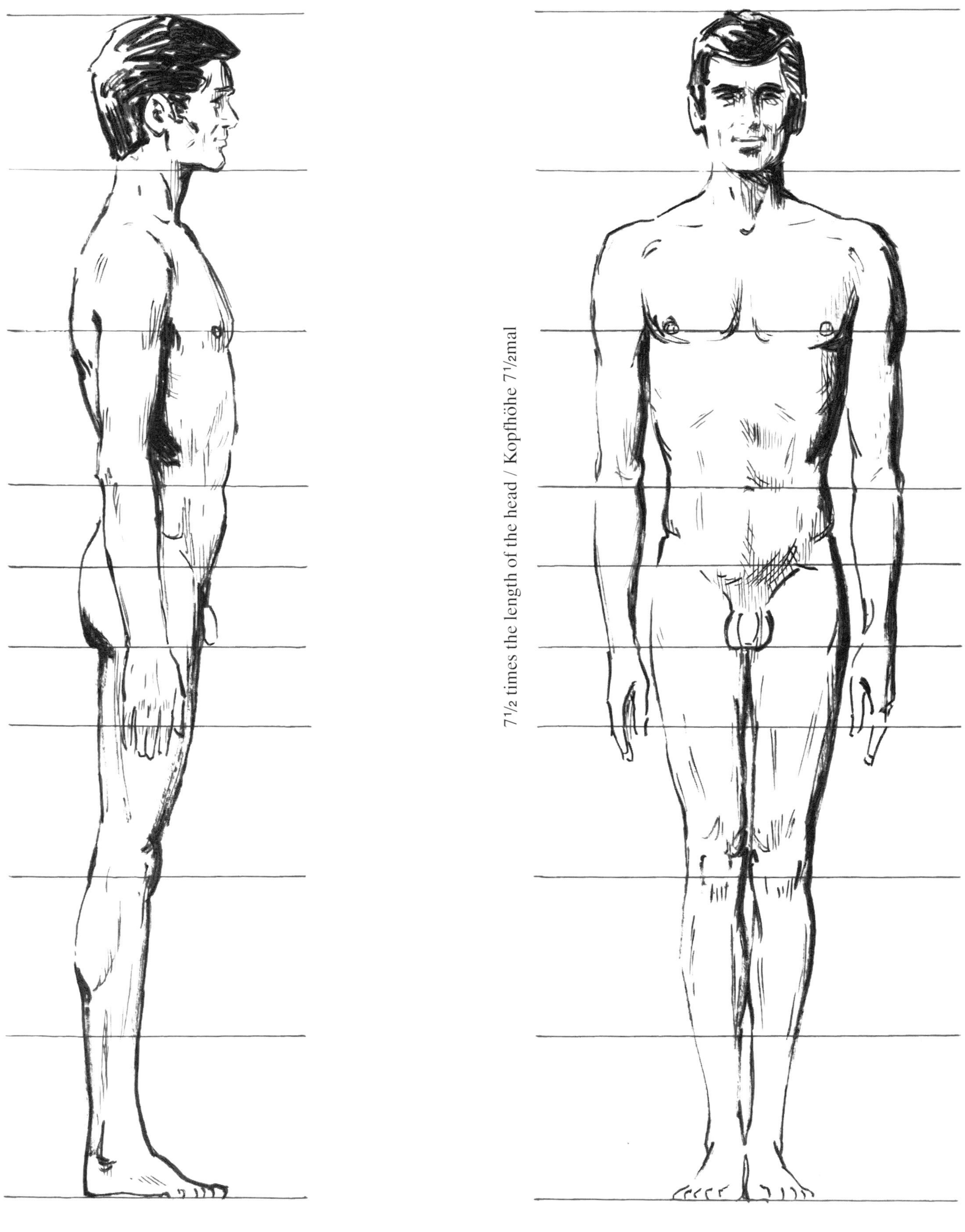

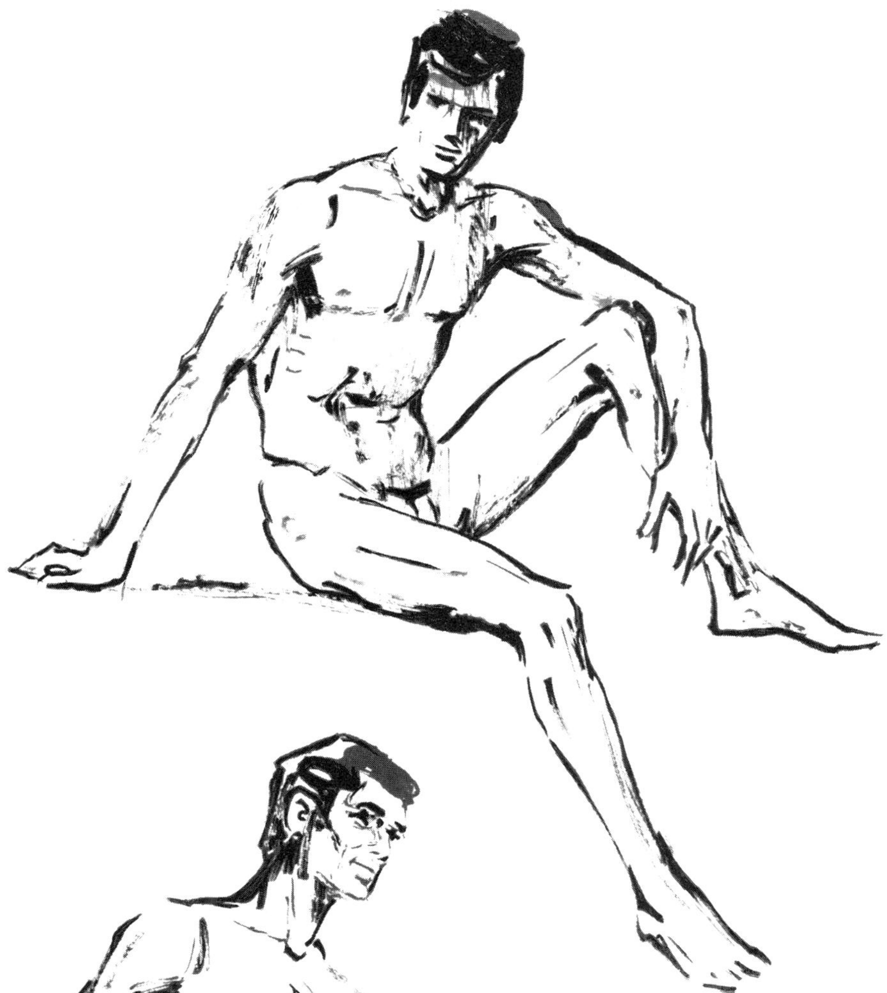

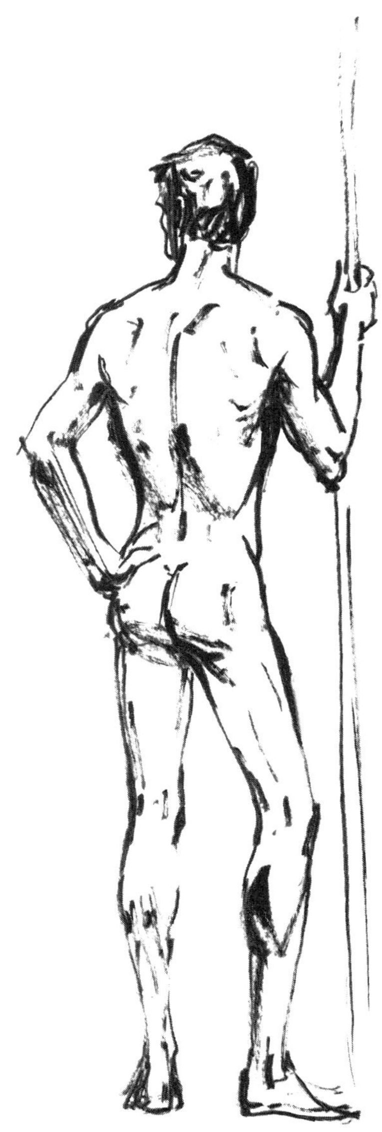

Male nude studies (brush sketches)
Männliche Aktstudien (Pinselzeichnungen)

Comfortable daytime wear
Bequeme Tageskleidung

Pullover and trousers as well as shirt and trousers are the most comfortable leisure wear for men. Note the difference in the folds of the thin poplin shirt by comparison with the folds in the thick woolen pullover.

Pullover und Hose, sowie Hemd und Hose sind für den Herrn die bequemste Freizeitkleidung. Man beachte den Unterschied der Falten des dünnen Popelinehemdes im Gegensatz zu den Falten des dicken Wollpullovers.

Face and hands in half-tone technique

Gesicht und Hände in Rastertechnik

Men's outer wear
Herrenoberbekleidung

By contrast with ladies' outer wear, which emphasizes the figure, men's outer wear conceals the natural figure of the wearer and simulates an ideal figure. The stronger fabrics and moulding interfacing lend men's outer wear a certain stiffness. Deep folds are only formed at the elbows and knees. The front of a suit only shows light tension folds when the wearer leans forward slightly.

Im Gegensatz zur Damenoberbekleidung, die die Figur betont, verdeckt die Herrenoberbekleidung die natürliche Figur des Trägers und täuscht eine Idealfigur vor. Durch festere Stoffe und formgebende Einlagen bekommt die Herrenoberbekleidung eine gewisse Steifheit. Tiefe Falten bilden sich nur in den Arm- und Kniebeugen. Die Vorderfront des Anzuges zeigt nur bei vorgebeugter Haltung leichte Spannungsfalten.

Fashion sketching in advertisements
Die Modezeichnung in der Werbung

In March 1888 the Painter Vincent van Gogh wrote a letter from Arles to his brother Theo in Paris: "As regards the work, I have today finished a picture 15 times, it is a drawbridge with a small cart driving across it which contrasts with the blue sky – the river is also blue, the banks are orange, with green vegetation, there is a group of women washing linen with bright costumes and hoods". A sketch was enclosed with the letter. The original is well known, it has been reproduced thousands of times. In 1888 photographers were already hard at work. We know the bridge at Langlois from the artist's description, from his sketch, from the finished picture ("15 times" – dimensions 65 times 50 centimeters) and from the countless photos.
This example can be applied to fashion sketching. Here as there, everything is possible and everything is allowed. The fashion photo, the fashion picture and the fashion sketch.
And here as there you will see that the sketch is not only more than the photo, but that it stimulates the imagination too. In the sketch reality is enhanced, in photography precision is required.
Fashion photos, photos in advertising, have to create an artificial nature for themselves, a "genre" which matches the subject being illustrated.
Alongside its precision, the fashion sketch is also able to lead the eye to the essentials, but to leave the observer leeway enough to expand the given theme in his mind, to illuminate it, to vary it.
There have been fashion pictures for more than four thousand years. Egyptians, Sumerians and Babylonians have handed them down to us on wall pictures, rock reliefs and statues in temples and graves.
Nearly every important artist has recorded the fashion of his day. Dürer's watercolors of middle-class women and of ladies of noble birth allow us to identify and reconstruct the fashion of his time.
For more than a hundred years photography has stood alongside drawing as a mode of artistic expression. Where photography becomes "art" it has to discard its reality and do what the pencil in the master's hand does: identify the essence of a thing.

•

Im März des Jahres 1888 schrieb der Maler Vincent van Gogh aus Arles einen Brief an seinen Bruder Theo in Paris: „Was die Arbeit anlangt, so habe ich heute ein Bild zu 15 fertig gemacht, es ist eine Zugbrücke, über die ein kleiner Karren fährt, der sich vom blauen Himmel abhebt – der Fluß ebenfalls blau, die Uferböschung orange, grünbewachsen, eine Gruppe von Wäscherinnen mit bunten Miedern und Hauben." Dem Brief war eine Skizze beigefügt. Das Original ist bekannt, Reproduktionen wurden zu Tausenden angefertigt. 1888 wurde schon fleißig fotografiert. Die Brücke von Langlois kennen wir aus der Beschreibung des Künstlers, durch seine Skizze, aus dem fertigen Bild („zu 15" – als Maß 65 mal 50 Zentimeter) und den zahllosen Fotos.
Dieses Beispiel kann man auch für die Modezeichnung anwenden. Hier wie dort ist alles möglich und erlaubt. Das Modefoto, Modebild und die Modezeichnung.
Und dort wie hier wird man erkennen, daß die Zeichnung nicht nur mehr ist als das Foto, sondern auch die Phantasie anregt. In der Zeichnung wird die Wirklichkeit überhöht, in der Fotografie auf ihre Genauigkeit hin befragt.
Modefotos, Fotos in der Werbung müssen sich eine künstliche Natur schaffen, ein „Genre", das zu dem paßt, was dargestellt werden soll.
Die Modezeichnung hat die Möglichkeit, neben ihrer Genauigkeit auf das Wesentliche hinzuführen, dem Betrachter aber die Freiheit zu lassen, das gegebene Thema zu erweitern, zu erhellen, zu variieren.
Modebilder gibt es seit mehr als vier Jahrtausenden. Ägypter, Sumerer und Babylonier haben sie uns auf Wandbildern, Felsreliefs und Statuen in Tempeln und Grabstätten überliefert.
Fast jeder bedeutende Künstler hat die Mode seiner Zeit festgehalten. Aus Dürers Aquarellen von Bürgerfrauen und adligen Damen kann man die Mode seiner Zeit erkennen und nachvollziehen.
Seit mehr als hundert Jahren steht die Fotografie als künstlerische Gestaltungsform der Zeichnung zur Seite. Wo Fotografie „Kunst" wird, muß sie sich ihrer Realität entkleiden und das tun, was der Zeichenstift in Meisterhand tut:
Das Wesen einer Sache erkennen.

Clothing advertisements
Bekleidungsanzeigen

Advertisements in vertical format make it possible to show the complete figure. This benefits the image of the fashionable clothing illustrated.
If small-patterned fabrics are to be shown, try to make the figure as large as possible. In this case the figures may be cut off, even in an advertisement with vertical format. Naturally the space arrangement and the composition have to be considered just as carefully as for an advertisement with an oblong format.

The companies named in the advertisement texts are completely fictitious.

Bei Anzeigen im Hochformat hat man die Möglichkeit, die Figuren ganz zu bringen. Das kommt dem Erscheinungsbild der dargestellten modischen Kleidung sehr zugute.
Sollen kleingemusterte Stoffe dargestellt werden, so wird man sich bemühen, die Figur so groß wie möglich zu zeigen. In diesem Falle wird man die Figuren auch in einer hochformätigen Anzeige anschneiden. Raumeinteilung und Komposition muß man selbstverständlich genauso beachten wie bei der Anzeige im Querformat.

Die Firmen der Anzeigentexte sind frei erfunden.

Clothing advertisements
Bekleidungsanzeigen

For advertisements in oblong format one is generally forced to cut off the figures substantially. Naturally the essential fashion attributes may not be cut off. Thus the length of the skirt or the jacket plays an essential role.
In the case of advertisements with several figures try to work out a composition which brings them into relation to each other. Leave sufficient space for slogans, advertising texts, prices and the company name.

Bei Anzeigen im Querformat ist man meistens gezwungen, die Figuren stark anzuschneiden. Natürlich dürfen die wesentlichen modischen Attribute nicht abgeschnitten werden. So spielen die Länge des Rockes oder die Länge des Sakkos eine wesentliche Rolle.
Bei Anzeigen mit mehreren Figuren versuche man diese zumindest kompositionell in Beziehung zueinander zu bringen. Man lasse genügend Raum für Slogan, Werbetext, Preisangebote und Firma.

ELEGANZ
dominiert
Ein ganzes Haus voll neuer Mode.
Ein ganzes Haus voll überraschender Angebote.
Eleganter Anzug im Stil der jungen Mode. Dreiknopffront. Mit schrägen Taschen. In aktuellem Streifendessin.
100% Schurwolle 219,50 DM
Schickes Jerseykleid mit langem Arm und Ledergurt. Modischer Kragen. In Beige und Bleu
100% reine Schurwolle . . . 79,50 DM
POPPERMANN & CO
Hoechst i. Odenwald

Hairstyles · Frisuren

When sketching hairstyles it is advisable to proceed like a hairdresser does. First draw the part. Next analyze how the hair is cut. Only then should you fix the character of the hairstyle with a few strokes. Ten lines are enough. The interplay between light and shade is important for hairstyles. Light falls on rounded surfaces and high parts, shadow is sketched on the side facing away from the light.

Beim Zeichnen von Frisuren ist es ratsam, wie eine Friseuse vorzugehen. Zuerst den Scheitl setzen. Als nächstes analysieren, wie die Haare geschnitten sind. Dann erst mit wenigen Strichen den Charakter der Frisur festlegen. Bereits zehn Linien reichen. Bei Frisuren kommt es stark auf Licht- und Schattenspiele an. An Rundungen und Erhöhungen kommen Lichtflächen, auf die Licht abgewandte Seite Schattenpartien.

Headwear · Kopfbedeckungen

Maximum attention must be paid to the curve of the brim along the head. This curve is fixed first. After the inner part of the hat has been sketched in proportion with the head, the outer brim is sketched – if there is one.
Designs: Käthe Fuchs, Hamburg

Größte Aufmerksamkeit muß dem Verlauf der Krempe entlang des Kopfes gewidmet werden. Dieser Bogen wird zuerst festgehalten. Nachdem der Innenteil des Hutes proportional zum Kopf gezeichnet ist, wird die äußere Krempe skizziert, falls es eine gibt.
Entwurf: Käthe Fuchs, Hamburg

Professional training for graphic design in fashion

Fachgerechte Ausbildung für Modegraphik

Fashion is a phenomenon of public life. It does not float purposelessly and indispensably in the air. It fulfills objective requirements of society and is – inter alia – the sound basis of an extensive industry.
Fashion has always obtained its style-creating influences from its period. Today these come from aerospace, jazz, modern plastics and dances, as well as from all new artistic directions, up to Mondrian, Pop-Art and Op-Art.
The sheets shown on this page and the next were inspired by Op-Art and produced in summer 1965. They were designed by students in a style which was beginning to become apparent in fashionable publications. The work was performed by students in the 5th semester of the Fashion Graphics Department at the **German Master Craftsman School for Fashion in Munich,** to which this article is devoted.
Teaching in this Department is aimed at independent work in the fields of artistic design and commercial feasibility in all sectors of graphic fashion arts.
In the fashion publications sector for editorial and illustration work; for design in fashion advertising; for structuring and model design in conjunction with pattern design for couturiers, the ready-to-wear industry and the accessories industry.
Fashion graphic art is a special field of advertising graphic art. The fashion graphic artist is needed wherever graphic inputs are required, in pure fashion and related fields.
Two conditions must be satisfied to allow a course of studies followed by successful work as a fashion graphic artist. These are first a lively and positive relationship to fashion and the ability to understand its development. The fashion artist must comprehend the world of fashion forms of today and tomorrow, since with his work he issues fashion information. In addition, a rich imagination and drawing skills are of course a prerequisite for all commercial work in the field of graphic arts.
The fashion graphic artist must satisfy a further indispensable condition for fruitful work, the ability to draw figures.
Training as a fashion graphic artist at the German Master Craftsman School for Fashion in Munich is divided into three principal areas:

1. Fashion graphics

This deals primarily with the design of figure-specific and object-specific themes for the cover and inside pages of fashion publications. A major role is played by design sketching, the illustration of garments and fashionable accessories for the appropriate industries, geared to fashion aspects and the potential for practical implementation.

Die Mode ist eine Erscheinung des öffentlichen Lebens. Sie schwebt nicht zweckfrei und unentbehrlich im Raum, sie erfüllt sachliche Forderungen der Gesellschaft und ist unter anderem auch die solide Grundlage einer ausgedehnten Industrie.
Die Mode bezieht seit jeher ihre stilbildenden Einflüsse aus ihrer Zeit. Heute aus Raumfahrt, Jazz, modernen Kunststoffen und Tänzen ebenso wie aus jeder neuen Kunstrichtung bis hin zu Mondrian, Pop- und Op-Art.
Angeregt durch Op-Art, entstanden im Sommer 1965 die Blätter auf dieser und der folgenden Seite. Sie waren von Studierenden zu gestaltet, und zwar in einem Stil, der sich inzwischen auch in der Praxis modischer Publikationen abzuzeichnen beginnt. Gearbeitet wurden sie im V. Semester der Abteilung Modegraphik an der **Deutschen Meisterschule für Mode München,** der dieser Beitrag gewidmet ist.
Der Unterricht in dieser Abteilung gilt der selbständigen, künstlerisch gestaltenden sowie wirtschaftlich verwertbaren Arbeit auf allen Gebieten der Modegraphik.
Im Modeverlagswesen für Sachbericht und Illustration; für Entwurf und Gestaltung in der modischen Werbung; für Formgebung und Modellentwurf in Verbindung mit Schnittgestaltung in Modellhäusern, Konfektion- und Zubehörindustrie.
Modegraphik ist ein Spezialgebiet der Werbegraphik. Der Modegraphiker wird überall gebraucht, wo graphische Arbeit geleistet werden soll, auf Gebieten, die rein modisch oder der Mode verwandt sind.
Zwei Voraussetzungen müssen für das Studium und die spätere erfolgreiche Tätigkeit des Modegraphikers gegeben sein. Dazu gehört zunächst die lebendige, positive Beziehung zur Mode und die Fähigkeit, ihre Entwicklung zu begreifen. Die modische Formwelt von heute und morgen muß vom Modegraphiker erkannt werden, denn er gibt mit seiner Arbeit modische Informationen aus. Außerdem: Ideenreichtum und zeichnerisches Können sind für jede gebrauchsgraphische Arbeit eine selbstverständliche Voraussetzung.
Der Modegraphiker braucht zusätzlich als weitere unabdingbare Voraussetzung für eine fruchtbare Arbeit die Fähigkeit zum figürlichen Zeichnen.
Die Ausbildung zum Modegraphiker an der Deutschen Meisterschule für Mode München kennt drei Hauptgebiete:

1. Modegraphik:

Sie befaßt sich vornehmlich mit der Gestaltung figürlicher und gegenständlicher Themen für Innenseiten und Titelblätter modisch betonter Publikationen. Eine große Rolle spielt dabei der Modellentwurf, der zeichnerische Entwurf von Modellen und modischem Zubehör für die entsprechende Industrie, ausgerichtet nach modischen Gesichtspunkten und der Möglichkeit praktischer Ausführung.

Subject: Fashion Graphic Arts, 6th semester
Task: Illustrative inside page for a fashion journal (1 colour, gravure printing, type marking; fashion jewelry to be illustrated on 3 hands.)
Lecturer: Professor Beyreiss.
Students: Hoffritz, Gamulin.

Subject: Fashion Graphic Arts, 5th semester
Task: Cover sheet for a fashion journal (black/white, stroke etching, letterpress, the title is specified.)
Design: false hairpieces for evening wear, two heads.
Lecturer: Professor Beyreiss.
Students: Gerngross, Leutbecher.

Fach Modegrafik, VI. Semester
Aufgabe: Illustrative Innenseite für eine Fachzeitschrift. (1 Farbe, Tiefdruck, Satzmarkierung; Modeschmuckstücke sind auf 3 Händen darzustellen).
Lehrer: Frau Professor Beyreiss i.R.
Schüler: Hoffritz, Gamulin.

Fach Modegrafik, V. Semester.
Aufgabe: Titelblatt für eine Fachzeitschrift (schwarz/weiß, Strichätzung, Buchdruck; der Titel ist gegeben).
Modellentwurf: Falsche Haarteile für den Abend, zwei Köpfe.
Lehrer: Frau Professor Beyreiss.
Schüler: Gerngroß, Leutbecher.

Sales promotion by means of elegant fashion graphics

Verkaufsförderung durch elegante Modegraphik

2. Fashion legend graphics:

Work on the form and rhythm of the various typefaces. Subsequent tasks comprise topics in the field of advertising graphics, chiefly advertising for fashion and related fields, the design and execution of posters, brochures, packagings etc., taking the laws of fashion typography into account.

3. Pattern design:

This provides information about cutting, the textile materials and the ways of working with them. All the basic cuts and their variants which correspond to the artist's garment design are produced. Tailoring skills are not required. No tailoring takes place in the Fashion Graphics Department, and no other prior training is required of the students. However, prerequisites for this course of study are creative imagination and pleasure in the craft of drawing, graphic talent and a good feeling for fashion.
The Fashion Graphics Department's task is the training of competent young people for the fashion trade and its advertising who combine enthusiasm with practical skills when they move into the field of practice. And the department has produced a number of top-level graduates who clearly illustrate the success achieved by disciplined training.

2. Modische Schriftgraphik:

Vermittlung von Form und Rhythmus der verschiedenen Alphabete. Die späteren Aufgaben umfassen werbegraphische Themen; vornehmlich aus der Werbung auf modischen und verwandten Gebieten, Entwurf und Ausführung von Plakaten, Prospekten, Packungen usw. unter Berücksichtigung der Gesetze der modischen Typographie.

3. Schnittgestaltung:

Sie vermittelt die Kenntnis des Zuschnitts, der Textilmaterialien und ihrer Verarbeitungsmöglichkeiten. Alle vorkommenden Grundschnitte und ihre Varianten, die dem eigenen Modellentwurf entsprechen, werden erarbeitet. Schneiderische Fähigkeiten werden dabei nicht verlangt. In der Abteilung Modegraphik wird nicht geschneidert, es wird aber auch sonst keinerlei Vorbildung von den Studierenden verlangt. Voraussetzung für das Studium sind jedoch schöpferische Phantasie und Freude am zeichnerischen Handwerk, graphische Begabung und gutes modisches Einfühlungsvermögen.
Die Abteilung Modegraphik hat es sich zur Aufgabe gemacht, für die modische Wirtschaft und ihre Werbung brauchbare junge Kräfte auszubilden, die beim Übergang in die Praxis neben der Begeisterung für ihren Beruf auch die dafür erforderlichen praktischen Kenntnisse mitbringen. Und sie kann auf einige Spitzenkräfte hinweisen, die den Erfolg der disziplinierten Ausbildung deutlich illustrieren:

Fashion impulses for the avant-garde
Mode-Impulse für die Avantgarde

Garment design
Modellentwürfe

- Corinna Firley
- Ursula Hammans
- Heike Meinke

Sketching techniques
Zeichentechniken

- felt pen
- wash
- brush
- half-tone

- Filzmarker
- Lavur
- Pinselfilzstift
- Rasterfolie

Projekt Director
Projektleitung

- Prof. Inge Braun

Clothing Design Studies at the Niederrhein College, Departement of Clothing Techniques Mönchengladbach

Studienschwerpunkt Bekleidungsgestaltung der Fachhochschule Niederrhein, Fachbereich Textil- und Bekleidungstechnik, Mönchengladbach

Kunst kommt von Können

Art is based on skills

Hannes Doellel, Aufkirchen b. Erding
Wolfgang Joop, Hamburg
René Gruau, Paris
Yves Saint Laurent, Paris
Käte Fuchs-Quade, Hamburg
Gerdi Krebs-Franzen, Wiesbaden
Barbara Buchwald, Fürstenfeldbruck
Bergit Heuber, New York

offer excellent examples of fashion art on the following pages. Solid hand skills have always been a prerequisite for a progressive development to art.

bieten auf den folgenden Seiten herausragende Beispiele für modegrafisches Schaffen. Stets war solides handwerkliches „Können" Voraussetzung für die Entwicklung bis hin zur „Kunst".

YVES SAINT LAURENT, PARIS

BÜHNE FREI FÜR YSL

Clear the stage for YSL

Yves St. Laurent issued invitations. Not to the Rue Spontini, but to the Rue de Seine. And "tout Paris" did not meet in the great Salons de Couture, but in the "Proscenium" Gallery. And despite this, it was a premiere. Instead of the latest fashion creations, a genuine collection of exceptional charm was presented. For the first time precious drawings – indeed true works of art – revealed the unique talent of this young fashion creator for designing costumes with the same verve and the same flair, whether for stage or film, for revues or ballet.
What an unbelievable wealth of witty ideas, coupled with a virtuoso feeling for both the personality and the role as well as the ability to match this to the atmosphere and the stage decor. Yves St. Laurent succumbed to the fascination of ballet at an early age. None other than Roland Petit opened up the wonder world of fashion with all its mysteries.
He became acquainted with top-notch artists and entertainers – his greatest desire was to design costumes for them, and he had hardly left school, when he created the decor and costumes for Roland Petit's "Cyrano de Bergerac", and proceeded from success to greater success, year after year. Didn't Zizi Jeanmaire's appearance inspire stormy applause when she appeared in the Casino de Paris? Weren't the creations for Jeanne Moreau and Delphine Seyrig of incomparable charm and character, creating a sensation in the "Chevauchée sur le Lac de Constance"? And are we not all breathlessly awaiting Yves' programme for next year?
This private view in the "Proscenium" will probably remain unforgettable for this young artist, the day on which he proved to all the world that he is both painter and decorator, as well as a fashion creator, and in both cases as unchallenged as he is incontestable.

Jan H. Friedlaender

Comedies, revues and shows, stars like Zizi Jeanmaire and Jeanne Moreau, "entertainment institutions" like "Casino de Paris" and "Lido" are all clients for whom Yves Saint Laurent has designed costumes and stage sets.

Für Komödien, Revuen und Shows, für Stars wie Zizi Jeanmaire und Jeanne Moreau, für „Vergnügungs-Institutionen" wie „Casino de Paris" und „Lido" entwarf Yves Saint Laurent Kostüme und auch Bühnenbilder.

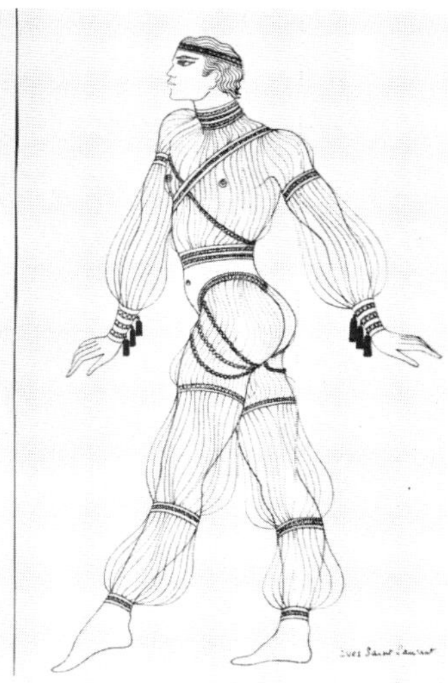

The great couturier makes fashion for the theatre too

Der große Couturier macht auch im Theater Mode

Yves St. Laurent lud ein. Nicht in die Rue Spontini, sondern in die Rue de Seine. Auch traf sich das „tout Paris" nicht in den großen Salons de Couture, aber in der Galerie „Proscenium". Und dennoch kam man zu einer Premiere: An Stelle neuester Modeschöpfungen wurde eine wahre Kollektion von außergewöhnlichem Charme präsentiert. Zum ersten Male offenbarten köstliche Zeichnungen – wahre Kunstwerke in der Tat – das einzigartige Talent dieses jungen Modeschöpfers, mit der gleichen Verve, dem gleichen Flair, Kostüme zu entwerfen, ob für Bühne oder Film, ob für Revuen oder Balletts.
Welch eine unglaubliche Fülle amüsantester Ideen, gepaart mit einem geradezu virtuosen Einfühlungsvermögen, um der jeweiligen Persönlichkeit ebenso Rechnung zu tragen wie ihrer Rolle, und diese der Atmosphäre anzupassen wie auch dem Dekor der Bühne. Bereits im frühen Alter war Yves St. Laurent der Faszination des Balletts erlegen. Kein Geringerer als Roland Petit eröffnete ihm jene Wunderwelt mit all ihren Mysterien.
Er lernte Künstler kennen von Rang und Namen – für sie Kostüme zu entwerfen, wurde zum innigsten seiner Wünsche, und kaum der Schule entwachsen, schuf er die Ausstattung für Roland Petits „Cyrano de Bergerac", um von Jahr zu Jahr immer neuere, immer größere Erfolge zu erzielen. Riefen nicht die Toiletten der Zizi Jeanmaire Begeisterung hervor, in welchen sie im Casino de Paris auftrat! Waren nicht die Créationen für Jeanne Moreau und Delphine Seyrig von unvergleichlichem Charme wie Charakter, um in der „Chevauchée sur le Lac de Constance" („Ritt über den Bodensee") Sensation zu bedeuten! Und erwartet man nicht mit Spannung Yves Programm für das kommende Jahr?
Wohl unvergeßlich wird jene Vernissage im „Proscenium" für diesen jungen, großen Künstler in Erinnerung bleiben, jener Tag, an welchem er vor aller Welt bewies, ebenso Maler und Dekorateur zu sein wie Modeschöpfer und in beiden Fällen ebenso unangefochten wie unanfechtbar.

Jan H. Friedlaender

Sketching technique: pencil, felt, charcoal grease pencil and opaque white.
Zeichentechnik in Blei-Filz-Kohlefettstift und Deckweiß.

WOLFGANG JOOP

JOOP ABOUT ÜBER JOOP

Example of a career

"After obtaining my higher school certificate I studied art pedagogics at the Art College in Braunschweig, specializing in painting and graphic arts. After winning the first prize in a design competition in Frankfurt am Main, I finished my study of pedagogics and first went into industry, and then worked for a fashion journal in Hamburg for 3 years. I now work as a free-lance artist, sketching for various newspapers.
I never received a fashion training in the classical sense. And so I probably approach fashion sketching from the painting and academic style, and this, no doubt, is what makes my drawings so characteristic. I consider fashion sketching to be one of the most difficult disciplines in the whole of the graphic arts sector. Intensive studies of drawing and extensive knowledge about the human body, clothes and the way they fall, hair and make-up are a prerequisite for artistic success. I have the feeling that I am only half way to achieving my ideas of perfect fashion sketching".

WOLFGANG JOOP

Wolfgang Joop wrote the above in 1974 for my textbook Fashion Illustration.
The Hamburg-based top-designer was born in Potsdam Nov. 18, 1944 and grew up in Braunschweig. The multitalented Joop has since been granted a professorship by the Berlin Hochschule der Künste.
Since gold is his favorite color, the new make-up presented by his successful firm is held in gold hues.

A.L. Arnold

Beispiel eines Werdegangs

„Nach dem Abitur studierte ich an der Hochschule für Bildende Künste in Braunschweig Kunstpädagogik mit Hauptschwerpunkt auf Malerei und Grafik. Nachdem ich bei einem Design-Wettbewerb in Frankfurt/M. den ersten Preis erhielt, beendete ich mein Pädagogik-Studium, ging erst in die Industrie und arbeitete dann 3 Jahre für eine Modezeitschrift in Hamburg. Jetzt arbeite ich freiberuflich als Zeichner für verschiedene Zeitungen.
Eine Modeausbildung im klassischen Sinn habe ich nie erhalten. Beim Modezeichnen gehe ich daher wohl sehr vom Malerischen und vom akademischen Zeichenstil aus, was wohl auch das Eigenständige an meinen Zeichnungen ausmacht. Modezeichnen halte ich für eine der schwierigsten Disziplinen im gesamten grafischen Bereich. – Intensives zeichnerisches Selbststudium und umfangreiches Wissen über den menschlichen Körper, die Kleidung und ihr Fall, Haar und Make-up sind Voraussetzung für den künstlerischen Erfolg. Ich habe das Gefühl, erst auf halbem Wege zu meinen Vorstellungen vom perfekten Modezeichnen zu sein."

WOLFGANG JOOP

Obige Zeilen schrieb Wolfgang Joop 1974 für mein Fachbuch Modegrafik.
Der Hamburger Top-Designer ist am 18. November 1944 in Potsdam geboren und in Braunschweig aufgewachsen. Er ist ein Multi-Talent. Inzwischen wurde er von der Berliner Hochschule der Künste zum Professor ernannt.
Weil Gold seine Lieblingsfarbe ist, präsentiert er heute in seinem mit Erfolg aufgebauten Unternehmen sein neues Make-up in Gold.

A.L. Arnold

An ink blot becomes a trademark
Ein Tintenklecks wird zum Markenzeichen

René Gruau about himself: "I am not an artist, I am a commercial illustrator and I'm really not extraordinarily talented." Yet, looking through the catalog (publishing by E. Wasmuth Verlag, Tübingen) of his exhibitions in Munich and Cologne 1990 one is captured by his fashion illustrations, ad work and posters. Elegance, bold stroke and the preference for the generous use of black, yellow and red are reminiscent of Henri Toulouse-Lautrec whose fascination is still powerful.
Why isn't everybody talking about René Gruau then? Is the 82 year-old one of those "famous" people that only a small group of insiders know – although we have all seen his work in renowned magazines such as Vogue, Femina, Flair, Harper's Bazaar, Women and Beauty, and in Dior, Jaque Fath, YSL, Lagerfeld, Givenchy advertising posters, to name only a few brilliant examples? Will he belong to the ingenious elite who receive acclaim only posthumously? Is this due to the fact that poster artists and designers are still denied access to the halls of "true art"? We are enthusiastic about the great ad work of Dior, Rouge Baiser, Chanel or Scandale and identify it with their names – the "G" signature with the star, however, fails to be noticed.
René Gruau was born in 1909 in Rimini on the Italian Riviera. His father stemmed from an old patrician family, his mother was French. He admits openly to having had a "happy childhood" but a "wretched adolescence". In 1931, after the separation of his parents, René followed his mother to Paris where they lived comfortably until his mother lost her fortune through speculation and René was forced to start working at the early age of 14.
His first sketch, ordered by the Italian magazine "Lidel", was almost spoiled by an ink-spot on his signature. He transformed it into a star which has remained his trademark ever since.
He became a fashion artist, a celebrity in his field, sought after by leading fashion magazines throughout the world. His unimitable, charismatic art work is highly praised by fashion experts, whereas he himself shys from publicity.
At the end of the Second World War Gruau did an ad for Christian Dior's new perfume "Miss Dior", thereby starting his career in advertising.
Gruau on fashion illustration and advertising:
"Fashion drawing means reproducing, in your own style, forms and colors designed by someone else whereas advertising offers total freedom to visually solve completely new, often difficult but always stimulating problems. Moreover, advertising complies with my tendency toward artistic simplicity and clarity." His bold stroke, the restriction to two or three colors and in most cases only one object are very effective. Given the variety of creative possibilities, his favorite subject, the female figure, is never reduced to an object. With each figure Gruau creates, he pays hommage to women.
Today Gruau works almost exclusively in advertising. He harshly critizises modern fashion designers: "What happened to femininity? Fashion designers today have no fantasy and it appears no special affinity for women. Otherwise they would not turn them into the monsters we see in the streets."
"C'est magnifique" is the title of a Lido revue for which he produced a highly acclaimed poster – a fitting caption for his work in this field. He creates numerous posters for film, ballet and theater.
In this book four of Gruau's works are presented in the chapter "Accessories". We wish to thank the Bartsch & Chariau Gallery, Munich, for letting us use these works.

RENÉ GRUAU

Er selbst sagt von sich „Ich bin kein Künstler, ich bin ein kommerzieller Zeichner und habe wirklich kein enormes Talent." Dann hält man den Katalog (E. Wasmuth Verlag, Tübingen) zu seinen Ausstellungen in München und Köln 1990 in Händen und gerät immer mehr von Seite zu Seite förmlich in den Bann seiner Modezeichnungen, Werbegraphiken und Plakate. Das Gefühl für Eleganz, die schwungvolle Pinselführung und die Vorliebe für die Farben Schwarz, Gelb und Rot in großzügigen Farbflächen erinnern spontan an Henri Toulouse-Lautrec, der noch heute nichts von seiner Faszination eingebüßt hat.
Wieso ist René Gruau nicht in aller Munde? Er gehört – heute 82 Jahre alt – noch immer zu den „berühmten Unbekannten", obwohl seine Werke von den Titelseiten so renomierter Zeitschriften wie z. B. Vogue, Femina, Flair, Harper's Bazaar, Women and Beauty und von Werbeplakaten von Dior, Jaque Fath, ISL, Lagerfeld, Givenchy – die Liste ließe sich mit vielen klingenden Namen fortsetzen – uns allen bekannt sind? Wird er auch zu jenen gehören, deren Genialität erst posthum gepriesen werden wird? Liegt es daran, daß ein Plakatkünstler oder Designer noch immer nicht Einlaß gefunden hat durch die hehre Pforte der „wahren Kunst"? Wir sind von der großartigen Werbung für Dior, Rouge Baiser, Chanel oder Scandale fasziniert, identifizieren sie mit diesen Namen; die Signatur „G" mit dem Stern findet kaum Beachtung.
René Gruau wurde 1909 in Rimini an der Adriaküste geboren. Sein Vater gehörte einer alten italienischen Patrizierfamilie an, seine Mutter war Französin. Er hatte nach eigenem Bekunden eine "glückliche Kindheit" aber eine „schlimme Jugend". Die Eltern trennten sich, René folgte seiner Mutter nach Paris, wo er mit ihr ab 1931 zunächst sorglos lebte. Durch Spekulationen verlor die Mutter ihr Vermögen und schon mit 14 Jahren mußte René selbst Geld verdienen.
Bei seiner ersten Zeichnung, die er für das italienische Magazin „Lidel" abzuliefern hatte, passierte ein Mißgeschick: Ein Tuscheklecks über der Signatur. Er verwandelte ihn in einen Stern – noch heute sein Markenzeichen.
René Gruau wird Modezeichner. Führende Modemagazine der ganzen Welt reißen sich förmlich um seine Arbeiten. Seine Werke mit ihrer unnachahmlichen Ausstrahlung sind bald berühmt und in der Modewelt in aller Munde – er selbst bleibt im Hintergrund.
Ende des 2. Weltkrieges macht René Gruau für Christian Dior die erste Werbeanzeige für das Parfum „Miss Dior". Damit beginnt sein Einstieg in die visuelle Werbung.
René Gruau sagt hierzu: „Die Modezeichnung besteht darin, mit seinem eigenen Stil bereits von anderen geschaffene Formen und Farben zu reproduzieren, während man bei der Werbung vollkommen frei ist, die immer neuen, oft schwierigen aber stets stimulierenden Probleme visuell zu lösen. Diese Ausdrucksform entspricht im übrigen meiner Neigung zu grafischer Einfachheit".
Sein kühner Pinselstrich, sein Bescheiden auf meistens nur zwei bis drei Farben und vorwiegend nur ein Bildobjekt verfehlen ihre Werbewirksamkeit nicht. Sein bevorzugtes Sujet ist die weibliche Gestalt und bei aller Vielfalt der Gestaltungsmöglichkeiten verkümmert sie nie zum Objekt. Jede seiner Frauengestalten ist eine Hommage an die Frau als solche.
Heute arbeitet Gruau fast nur noch für die Werbung. An der gegenwärtigen Mode und ihren Schöpfern läßt Gruau kaum ein gutes Haar. Er fragt: „Wo bleibt da die Frau? Modemacher haben keine Phantasie mehr und wohl auch keinen Geschmack an Frauen. Sonst würden sie aus ihnen nicht diese Monster machen, die man auf der Straße sieht."
„C'est magnifique!" heißt eine „Lido"-Revue, für die er eines seiner vielbeachteten Werbeplakate schuf, die geeignete Überschrift für sein Schaffen in diesem Metier. Es entstehen zahlreiche Werbeplakate für Film, Ballett und Theater.
In diesem Buch ist Gruau im Abschnitt „Accessoires" mit 4 Werken vertreten. Sie wurden von der Galerie Bartsch & Chariau, München, freundlicherweise zur Verfügung gestellt.

E.A.

Gruau, who would have liked to become an architect, organizes the structure of his pictures with horizontal, vertical and slanting lines, or frames them in rich contrast, like this jewelry drawing which he created for Van Cleef & Arpels in 1982.

Gruau, der gerne Architekt geworden wäre, organisiert den Aufbau seiner Bilder durch horizontale, vertikale und schräge Linien oder rahmt sie kontrastreich, wie bei dieser Schmuckzeichnung, die er 1982 für Van Cleef & Arpels geschaffen hat.

Dashed off with easy strokes, the "femme au boa" (woman with boa) dating back to 1983 looks like a spontaneous fashion sketch. This can be deceptive. Many of Gruau's designs are the result of intensive preliminary studies.

Mit leichtem Strich hingeworfen, wirkt die „femme au boa" (Frau mit Boa) aus dem Jahr 1983 wie eine spontan gezeichnete Modeskizze. Das kann täuschen. Viele Entwürfe Gruaus sind das Ergebnis intensiver Vorstudien.

Gruau is a master in the art of leaving out details in favor of essentials. Concentration on a single idea is typical for his style of presentation. This fashion illustration, strongly stylized by means of simplification, originates from a creative period in the eighties.

Gruau ist ein Meister im Weglassen zugunsten des Wesentlichen. Typisch für seine Art der Darstellung ist die Konzentration auf eine Idee. Diese durch Vereinfachung stark stilisierte Modezeichnung stammt aus einer Schaffensära in den 80er Jahren.

BERGIT HEUBER, NEW YORK

Die

Mit großer Schere werden die Chiffon-Stoffbahnen geschnitten und malerisch um den Körper drapiert.

Selbst das schmale schwarze Untergewand ist aus dicht aufeinandergelegtem Chiffon betont schlank gemeißelt.

Griechische Inspirationen für den New Yorker Jet-Set

Seit Jahren hat sich der griechische Modellist Stavropoulus bei den Damen der New Yorker Gesellschaft einen Namen gemacht. Er liebt und entwirft in erster Linie Abendroben und drapiert mit feiner Hand leichte, hauchdünne Stoffe.

Mehrere Bahnen bedruckten Chiffons sind zu diesem aparten Gewand übereinandergelegt.

Die Amerikanerin liebt es, sich zeitlos schön anzuziehen. Das dottergelbe Kleid besticht durch seine Einfachheit und schlanke Silhouette.

Modelle: Stavropoulus

The American night

The lengths of chiffon are cut with generous scissors and draped artistically about the body.

Even the narrow, black under-gown is moulded with accentuated slimness from layers of chiffon placed closely on top of each other.

Greek inspirations for the New York jet set

For twelve years now the Greek stylist Stavropoulus has been making a name for himself among the ladies of New York society. He loves and designs evening robes above all and drapes light, gossamer-thin materials with a sensitive hand.

Several lengths of printed chiffons have been laid over one another for this original gown.

The American lady loves to dress in a style of timeless beauty. This bright yellow dress captivates with its simplicity and its slender silhouette.

Model: Stavropoulus

amerikanische Nacht

With brush, Indian ink and charcoal (opaque white)
Mit Pinsel, Tusche und Kohle (Deckweiß)

MADAME Juli 1974

INTERVIEW MIT
AN INTERVIEW WITH
Hannes Doellel

by Susann Hartung, Fashion Journalist · von Susann Hartung, Freie Journalistin

"Who is the person behind these illustrations? Who is the artist?" It is obvious that he must be an artist ruled by passion, driven to this vocation. His name is Hannes Doellel.

Born in Taufkirchen near Erding. Trained as reprophotographer, commercial artist and certified fashion sketcher. Since 1977 freelancer with own design studio (Studio Salo-Doellel). After some years abroad he moved 1983 into a wooden house near Munich built to serve his special needs. Since 1984 he has taught at several fashion schools throughout Germany.

When asked about the scope of his work he answered in his casual relaxed way: "Everywhere where beautiful faces and modern aesthetic drawings of people are needed."

More specifically, this includes the entire textile and fashion industry as well as trade and media – from trend information to image and product advertisement for large warehouses. In addition, Doellel does illustrations for magazines and publishing houses, he creates ad campaigns, brochures and display motives. Last but not least, he works in the cosmetics and jewelry domain.

A large number of illustrations in this book originate from his brush. His unmistakeable clear and exact style together with the extraordinary aesthetic and balanced proportions of his figures are aptly demonstrated by the selection of his works. His sensitive stroke, technical knowledge in the presentation of materials and cuts as well as the variety of his sketching techniques attest to the powerful artistic skills of Hannes Doellel.

•

Viele haben sich schon oft gefragt, wer steckt hinter diesen Illustrationen? Wer zeichnet das? Denn eines ist deutlich zu erkennen: Es handelt sich um einen Modezeichner aus Leidenschaft. Es handelt sich um: Hannes Doellel.

Geboren ist er 1949 in Aufkirchen bei Erding. Ausbildung als Reprofotograf, Grafik-Designer und Diplom-Modegrafiker. Seit 1977 ist Hannes Doellel freiberuflich tätig, Gründung eines Design-Studios (Studio Salo-Doellel). Nach einigen Jahren Auslandsaufenthalt zog er 1983 in das nach seinen speziellen Bedürfnissen erbaute Atelierhaus (Holzkonstruktion) in der Nähe von München. Lehraufträgen für Modezeichnen geht er seit 1984 an mehreren Fachhochschulen für Mode-Design in Deutschland nach.

Auf die Frage nach dem Umfang seines Arbeitsgebietes antwortet er in der ihm eigenen ruhigen, freundlichen und rationalen Art: „überall, wo schöne Gesichter und moderne, ästhetische Zeichnungen von Menschen gebraucht werden".

Nennt man es beim Namen, umfaßt das die gesamte Textil- und Bekleidungsindustrie sowie den Handel und die Medien. Angefangen bei der Trend-Information bis hin zur Image- oder Produktwerbung für Kaufhäuser. Dazu kommen redaktionelle Illustrationen für Zeitschriften und Verlage sowie die Gestaltung von Anzeigen-, Prospekt- und Display-Motiven. Arbeiten im Kosmetik und Schmuck-Bereich runden das Pensum ab.

Ein Großteil der Modezeichnungen in diesem Lehrbuch stammen aus Hannes Doellel's Hand. Seine unverkennbar klare und minuziöse Handschrift, gepaart mit der für ihn typischen hohen Ästhetik und Ausgewogenheit im Figuraufbau, werden durch die ausgewählten Werke besonders deutlich dokumentiert. Beeindruckend bei seinen Arbeiten ist die Sensibilität und Fachkenntnis in der Darstellung von Material und Schnitt der Bekleidung sowie die Vielseitigkeit in den professionellen Techniken.

Despite peplum and draping, the dress' design is clearly recognizable due to the simplified portrayal. Pencil.

Trotz Schößchen und Faltenwurf, ist der Schnitt des Modells durch die vereinfachte Darstellung klar zu erkennen. Bleistift.

"To me every fashion sketch is a piece of art"

Question: Let us begin with the most typical of all interview questions: Herr Doellel, what made you become a fashion artist?

Doellel: I acquired my artistic skills through conscious and permanent practice. Thus I did contract portraits, paintings of people, cities and places. Since these very first works sketching has never stopped fascinating me and so I allowed my artistic talents to grow. Fashion illustration has always been only a special field in which I can express my preference for poignant and beautiful faces that are full of character. My profession requires that I stylise my work.

Question: Why didn't you decide to go into the fine arts?

Doellel: I was indeed confronted with the decision as to whether to try to pursue the fine arts. In the final analysis I found the art scene too manipulative, as opposed to the honesty of fashion art which gives credit to performance and quality and not the pure self-expression and sales virtues of gallery owner and artist. Fashion art, on the other hand, is very selective. Also there are many more critics than you find in the art scene. From school children to CEOs, anybody is able to see, for instance whether a nose is too big or hands are too small, or whether everything is balanced and beautiful. Therefore to me every fashion sketch qualifies as a unique piece of art.

Question: Fashion is characterized by a continuous change of trends and styles. Is this also true for fashion illustrations?

Doellel: This is difficult to say, for there are thousands of different styles. For fashion artists the possibilities are boundless as long as they can sell their product. The rule is: it is good as long as somebody thinks it's good. Therefore, what counts most is to be flexible and to respond to your customers' wishes. Fashion artists have to permanently keep up with trends, to notice and digest fashion impulses. Of course, a fashion artist may develop his own, very personal style. But if customers don't like it, the chances are he will go hungry holding on to it – the well-known Van-Gogh-syndrome. The market, however, accepts a large variety of styles, and this then is the answer to your question. For the trend is that there are no trends in fashion illustrations. It is all very much a matter of the artist's personality and the customer's preferences. The key to success is to find a synthesis between the artist's style and the customer's taste.

Question: In your own opinion who were the most influential fashion artists and whose art is still relevant today?

Doellel: In the early sixties things started going downhill. Until that time fashion sketches and photos were equally represented in leading magazines such as "Vogue". Then significant fashion artists died and new talents were not looked for. René Gruau is one of the few exceptions, he still qualifies as a star in his field. Fashion artists whose work is still relevant today developed a highly personal style and thus gave great impetus to fashion illustrations. Antonio Lopez initiated such a movement, as well as Mats Gustavson. Their works have been copied numerous times. This leads us to the conclusion that although some stars exist, there are no trends. The diversity of styles is as large as in the fine arts.

Question: What about the origins of fashion art? Has it like many other branches developed more or less accidentally?

Doellel: I see this development very pragmatically. Before people could take photos they had to draw whatever they wanted to represent. This applied to fashion as well. From the humble beginnings various styles evolved that were more or less well received by the market. This is how I see the origins and beginnings of fashion illustrations.

Question: What do you think about modern sketching aids like airbrush or computers? Can one really produce better fashion illustrations in less time?

Doellel: There is only one answer to that question: no! The airbrush boom with classes being offered on every street corner is waning. Graphic computers are becoming very popular and some people think they can produce fashion illustrations more quickly. The truth is, however, if you are not an artist, these modern techniques won't get you very far, since if the input is not good the output can't be either. Every technique and every machine is only as good as the artist working with it. Machines are dull and uncreative. The second point is that the artist must adapt to the machine if he wants to work with it. He is forced to split his energy: one half he needs to operate the machine, leaving him only the remaining half to be creative. Pen or brush let you work much faster, more directly and more creatively. But that doesn't mean computers are worthless. They are ideal tools for statistics, tables and reproduction.

Question: Since the introduction of photography the application of fashion art has changed. Where is sketching used today?

Doellel: Fashion sketching can serve as product information or image promotion. These are the two main applications, of course the transitions are fluid. Department stores, retailers and fashion manufacturers are the biggest users. They use fashion illustrations to differentiate themselves from the uniform masses. The main topic of the illustrations is primarily fashion, partly jewelry and cosmetics.
Sketches have the advantage of emphasizing important features while suppressing less important details. Cuts, materials and forms are shown more clearly. It is easier to identify with drawn faces than with photos. Then there is the time factor. Things that are only a rough idea in your mind can be quickly brought to paper without the need for technical help. This is especially important for the fashion industry. Fiber manufacturers, spinning and weaving mills as well as fabric printers use fashion illustrations as trend information as well as to promote their image via catalogues or advertisements. Not to forget fashion drawing that serves as an editorial aid or decorative ingredient.
America has long known and used the advantages of fashion illustrations. There fashion artists enjoy a lot more popularity, with about fifty percent of all advertisements being drawn. The larger department stores are identified by the style of sketching used in their names. Compare that to Germany!

Question: What does the future of fashion illustration look like?

Doellel: There will be continuous highs and lows – just as in the economy. The development very much depends on whether famous designers and opinion-leading department stores will promote fashion illustrations, since if they do so, hesitant members of the industry will be prompted to give it a try. At the moment the market is being dominated by fashion photos. Consequently, everybody jumps on the bandwagon. The majority of those involved in the fashion industry anxiously avoid taking any risks.

Question: Herr Doellel, do you have any particular wishes or dreams with reference to fashion illustrations?

Doellel: Well, the first wish is very realistic: I want to remain as successful in the textile, fashion, cosmetics and jewelry field as I am now. On a larger scale, it would be nice if retailers and department stores would aggressively promote a particular style of fashion illustration as a trademark of their advertising, to attract attention and create variety. Illustrations help to build up corporate identity.

Question: What would be your advice for aspiring fashion students?

Doellel: I would probably come up with some basic truths which are thousands of years old and still highly valid, for instance "Nobody is born perfect". This old proverb sums it

all up, as talent comes from work and work comes from talent. Or, here is another current saying: "Talent is one percent inspiration and 99 percent transpiration". As to myself, I am very self-critical and willing to work hard, with my ambition acting as driving force. The most important thing is the continuous effort to improve, and unfortunately this is also the most painful thing to do, since it may take a while before you are given credit and appreciation. A second important factor is that you love to sketch. As you realize that your work is getting better you have to put even more love into the next sketch. For whoever stops becoming better stops being good.

Herr Doellel, thank you very much for your time.

Richly patterned garments are illustrated with small areas left free so that details which reveal the cut and construction of the design are clearly distinguishable. Note, for example, the pocket flaps and lapels.

Bei stark gemusterten Modellen, wie diesen Jacken, werden kleine Flächen frei gelassen, um Schnitt- und Verarbeitungsdetails deutlich darzustellen. Zum Beispiel an den Patten der Jackentasche und am Revers.

„Für mich ist jede Modezeichnung ein Kunstwerk“

Frage: Die klassischste aller Interviewfragen vorweg: Herr Doellel, wie haben Sie zum Modezeichnen gefunden?

Doellel: Meine künstlerischen Fähigkeiten habe ich im Laufe meiner Entwicklung durch konzentriertes, ständiges Zeichnen erworben. So kam ich zu Portrait-Aufträgen, zu Gemälden von Personen, Städten und Szenen. Seit diesen Anfängen war ich vom Zeichnen so fasziniert, daß ich dieser künstlerischen Veranlagung freien Lauf ließ. Die Modegrafik war und ist das einzige Spezialgebiet, in dem ich meine Vorliebe für das Zeichnen schöner, charakterstarker und prägnanter Gesichter und Menschen ausleben konnte und kann. Berufsbedingt kam dann die Stilisierung hinzu.

Frage: Warum haben Sie sich nicht für die hohe Kunst der Malerei entschieden?

Doellel: Es stand bei mir damals in der Tat die Entscheidung an, versuche ich, den künstlerischen Weg zu gehen oder entscheide ich mich für die Modegrafik. Die Kunstszene war mir letztendlich zu manipulativ, im Gegensatz zum ehrlichen Markt der Modegrafik, wo Leistung und Qualität zählen und nicht die reine Selbstdarstellung und das verkäuferische Talent von Galerist und Künstler. Dafür findet in der Modegrafik eine besonders harte Auslese statt. Es gibt viel mehr Kritiker als in der Kunstszene. Vom Schulkind bis hoch zum Bankdirektor kann jede und jeder feststellen, ob man zum Beispiel die Nase zu groß oder die Hände zu klein gezeichnet hat und ob alles stimmig und schön ist. Daher ist für mich jede Modezeichnung ein außergewöhnliches Kunstwerk.

Frage: Die Mode ist geprägt vom ständigen Wechsel der Trends und Stile. Sind auch Modezeichen-Stile immer wieder neuen Trends unterworfen?

Doellel: Das ist sehr schwer zu sagen, denn es gibt tausende verschiedene Stile. Dem Modezeichner sind keine Grenzen gesetzt, so lange er einen Abnehmer findet. Hier gilt das Geschmacksgesetz: Gut ist, was gefällt. Wichtig ist es daher, flexibel zu sein und auf den Wunsch der Kunden einzugehen. Der Modezeichner muß permanent auf dem Laufenden bleiben, modische Impulse registrieren und verarbeiten. Natürlich kann jeder Modezeichner einen ganz persönlichen, individuellen Stil entwickeln. Gefällt dieser aber keinen Kunden, verhungert er an seinem eigenen Stil. Das ist dann der van-Gogh-Effekt. Der Markt selbst ist aber so vielseitig, daß er für viele verschiedene Stile Platz bietet. Hier beantwortet sich auch Ihre Frage. Denn der Trend lautet, daß es in der Modegrafik keinen Trend gibt. Alles hängt sehr von der Persönlichkeit des Zeichners und der Vorstellung des jeweiligen Auftraggebers ab. Und hier muß eine Synthese zwischen dem Stil des Künstlers und dem Geschmack des Auftraggebers stattfinden, um zum Erfolg zu führen.

Frage: Welche bedeutendsten Modezeichner gab es Ihrer Meinung nach und wer davon hat heute noch Gültigkeit?

Doellel: In den frühen 60er Jahren hat es einen großen Knick gegeben. Bis dahin standen in meinungsmachenden Magazinen, wie der „Vogue“, Modezeichnung und -Photo gleichberechtigt nebeneinander. Als dann wichtige Zeichner starben, wurden damals keine Nachfolger gesucht. René Gruau gehört zu den wenigen Ausnahmen, die sich in die heutige Zeit als anerkannter Star herüberretten konnten. Zeichner, die heute noch Gültigkeit besitzen, haben einen stark von ihrer Persönlichkeit geprägten Stil geschaffen und dadurch der Modegrafik große Impulse gegeben. Antonio Lopez war zum Beispiel der Initiator einer solchen Bewegung. Genauso Mats Gustavson. Sie haben so starke Eindrücke hinterlassen und werden bis in die Jetztzeit hinein von vielen kopiert. Es gibt Stars und keine Trends. Das Spektrum der Stile ist so groß wie in der Kunstszene, spannt sich also von Gegenpol zu Gegenpol.

Frage: Wie sind Modezeichnungen entstanden? War ihre Geburtsstunde, wie bei vielen Dingen, vom Zufall abgängig?

Doellel: Das sehe ich ganz pragmatisch. Früher gab es die Photografie noch nicht. Wenn etwas dargestellt werden sollte, wurde es gezeichnet. Das galt für alle Bereiche inklusiv der Mode. Aus der einfachen Darstellung haben sich dann, bedingt durch einzelne Zeichentalente, verschiedene Handschriften und Stilrichtungen entwickelt, für die der Markt bestimmte Vorlieben hegte. So sehe ich die Ursprünge und Anfänge der Modezeichnungen.

Frage: Was halten Sie von den neuen modernen Zeichentechniken, wie Airbrush oder Computer? Sind durch diese Hilfsmittel schneller schöne Modezeichnungen produzierbar?

Doellel: Ganz klar, Nein! Es gab eine ganze Zeitlang einen richtigen Airbrush-Boom. An jeder Ecke wurden Kurse angeboten. Das ebbt jetzt wieder ab. Derzeit kommen Grafikcomputer groß in Mode und manche meinen, damit schneller Modegrafiken produzieren zu können. Grundsätzlich ist es doch aber so: Wenn ein Grafiker kein Künstler ist, erreicht er auch mit den modernen Techniken nicht viel. Schließlich kann am Ende nichts Gutes rauskommen, wenn man nichts Gutes oben rein tut. Jede Technik und jede Maschine ist nur so gut, wie der Künstler, der sie bedient. Die Maschine an sich ist dumm und unkreativ. Dazu kommt noch als zweiter Punkt, daß sich der Künstler der Technik anpassen muß, wenn er mit ihr arbeiten will. Bildlich gesprochen heißt das, er muß sein Gehirn spalten. Die eine Hälfte benötigt er, um sich auf die Bedienung der Technik zu konzentrieren. Für die künstlerische Arbeit an sich verbleibt ihm nur noch die restliche Hälfte. Mit Hand und Bleistift dagegen, ist ein viel schnelleres, direkteres und kreativeres Arbeiten möglich. Aber nichts gegen Computer. Für gleichförmiges, statisches tabellarisches Arbeiten ist er ideal einsetzbar.

Frage: Seit der Erfindung und Verbreitung der Photografie hat sich das Einsatzgebiet von Modegrafiken verändert. Wie sieht es heute aus, wo werden Modegrafiken gebraucht?

Doellel: Modegrafiken können als Wareninformation oder Imageanzeige dienen. Das sind die beiden Haupteinsatzgebiete. Natürlich mit fließenden Übergängen. Starke Abnehmer sind zunächst die Kaufhäuser, der Facheinzelhandel und die Konfektionsindustrie. Durch Modezeichnungen heben sie sich von der einheitlichen Masse ab. Das Hauptthema in den Illustrationen heißt vor allem Mode, teils auch Schmuck und Kosmetik.
Die Vorteile der Zeichnung sind, wesentliche Merkmale und Details besser hervorheben zu können und Unwichtiges zu unterdrücken. Schnitte, Stoffe und Silhouetten können klarer herausgearbeitet und verdeutlicht werden. Mit gezeichneten Gesichtern können sich die Kundinnen besser identifizieren als mit photografierten. Hinzu kommt der zeitliche Vorteil der Illustration gegenüber der Photografie. Denn vieles, was in der Vorstellung oder erst als flüchtige Skizze existiert, kann schnell und ohne technischen Aufwand in einer Illustration umgesetzt werden. Besonders wichtig ist das für die Modeindustrie. Faserhersteller, Spinnereien, Webereien und Stoffdruckereien benutzen die Modezeichnung als Trend-Information für ihre Kunden sowie für die Image-Werbung in Promotion-Katalogen oder Anzeigen. Auch die Bekleidungsindustrie setzt Modezeichnungen zur Produktinformation und Image-Werbung ein. Nicht zu vergessen, Zeichnungen als redaktionelle Information oder Auflockerung in Zeitschriften.
In Amerika hat man die Vorteile der Modezeichnung schon immer gekannt und genutzt. Dort sind Modegrafiker sehr viel populärer als bei uns. Circa 50 Prozent der Werbung sind in den USA gezeichnet. Die großen Departmentstores erkennt man am Zeichenstil der Werbung, noch bevor man den Namen liest – im Gegensatz zu deutschen Kaufhäusern.

Frage: Wie sehen Sie die Zukunft für Modegrafiken?

Doellel: Das wird ganz schwankend in großen Wellenbe-

Fortsetzung auf Seite 108, 109

The skirt is the focus of attention here. Figure and pose are kept simple. Nothing distracts from the garment. Felt pen and colored pencil.

Im Blickpunkt steht der Rock. Figur und Stellung sind einfach gehalten. Nichts lenkt vom Modell ab. Filz- und Buntstift.

Topstitched seams emphasize not only the design but also the jeans character of this ensemble.

Steppnähte unterstreichen hier nicht nur die Schnittführung, sondern auch den Jeans-Charakter des Jackenkleides.

wegungen verlaufen – so wie bei der Konjunktur. Vieles hängt davon ab, ob große Vorbilder, wie Design-Leader oder meinungsbildende Departmentstores, Modezeichnungen propagieren. Findet das statt, trauen sich die Unentschlossenen in der Branche auch mal mit Modezeichnungen auf den Markt. Derzeit ist der Markt hauptsächlich von Modephotos geprägt. Folglich zieht da jeder mit, alle machen Photos. Der Durchschnitt in der Modebranche will eines auf keinen Fall: Bloß nicht aus dem Rahmen fallen. Leider gibt es nur wenige Leute auf dem Modemarkt, die einen eigenen Geschmack, plus genug Selbstbewußtsein besitzen, diesen dann auch durchzusetzen. Dabei kann sich ein Unternehmen speziell durch Modezeichnungen besonders gut profilieren.

Frage: Herr Doellel, gibt es einen Wunschtraum den Sie in Bezug auf Modezeichnungen hegen? Wenn ja, wie sieht der aus?

Doellel: Der erste ist ein sehr realistischer Wunschtraum, nämlich weiterhin so gefragt sein wie jetzt auf dem Textil-Mode-Kosmetik-Schmuck-Sektor. Ein übergeordneter Wunschtraum von mir ist, daß die einzelnen Konfektionäre und Kaufhäuser etwas mehr Profil zeigen, vielleicht durch das konsequente Forcieren eines eigenen Zeichenstils in der

The jacket of the pants suit falls open on one side to reveal the waistline pleats on the pants. Watercolor with colored pencil.

Die Jacke des Hosenanzuges ist auf einer Seite offen, um den Blick auf die Bundfalten der Hose frei zu geben. Aquarell mit Buntstift.

Werbung, um Aufmerksamkeit zu erzeugen und interessante Abwechslung zu bieten. Mit Illustrationen kann gezielt eine Corporate Identity aufgebaut werden.

Frage: Welchen Rat würden Sie jungen Modegrafik-Schülern mit auf ihren beruflichen Weg geben?

Doellel: Das sind diese Kernsätze, tausend Jahre alt und immer noch hochaktuell, wie zum Beispiel „es ist noch kein Meister vom Himmer gefallen", die im Grunde genommen alles beinhalten. Denn Talent kommt von Arbeit und Arbeit macht Talent. Oder, und jetzt zitiere ich noch einen gängigen und stimmigen Spruch: „Talent ist ein Prozent Inspiration und 99 Prozent Transpiration". Bei mir könnte man sagen, ich habe eine gute analytische Beobachtungsgabe, Ausdauer und Selbstkritik – die im übrigen mein Ehrgeiz bedingt. Das Wichtigste ist das An-sich-arbeiten, leider ist das auch das Mühsamste. Lob und Belohnung kommen immer erst sehr viel später. Ein weiterer ausschlaggebender Punkt ist die Liebe zur Zeichnung. Wenn man denkt, daß gute Dinge entstehen, muß man mit noch mehr Liebe an die nächste Zeichnung gehen. Das heißt, man muß konsequent an seiner Neigung arbeiten. Wer aufhört, besser zu werden, hat aufgehört, gut zu sein.

Herr Doellel, wir danken für dieses Gespräch!

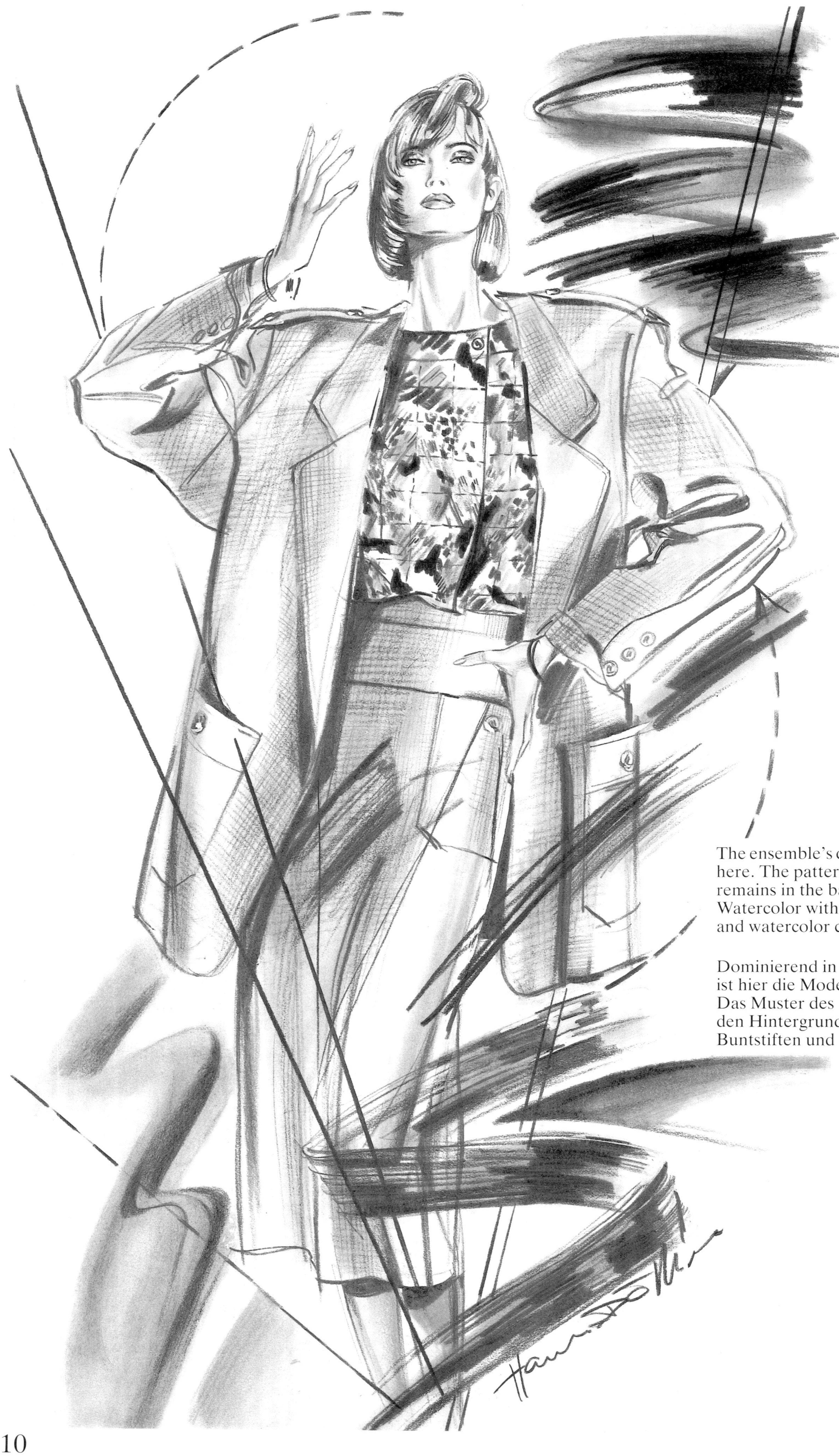

The ensemble's design dominates here. The pattern of the fabric remains in the background. Watercolor with colored pencil and watercolor chalk.

Dominierend in der Darstellung ist hier die Modellkonstruktion. Das Muster des Stoffes tritt in den Hintergrund. Aquarell mit Buntstiften und Aquarellkreide.

In some areas of the illustration the folds of the garment are represented realistically (sleeves), whereas other areas show unrealistically few folds (hip area of skirt). This is because the artist placed greater importance on the representation of details (topstitched seams) than on the drape of the garment.

Manche Stellen der Illustration zeigen eine natürlich starke Faltenbildung (Ärmel), andere wiederum nur eine spärliche (Hüftpartie des Rockes), weil der Zeichner zugunsten der Wiedergabe von Details (Steppnähte) auf Faltenlinien verzichtet hat.

An evening dress in starched silk shows an exceptionally lively play of light and shadow to best reproduce the high sheen of the silk fabric.

Ein Abendkleid aus appretierter Seide zeigt ein besonders starkes Licht- und Schattenspiel, um den Glanzeffekt von Seide naturgetreu wiederzugeben.

In illustrations of designer clothing, the figure may take on an extravagant pose. Here the figure's dynamism is emphasized by the lines, curves and shaded areas in the background.

Bei Designermode darf die Figur eine extravagante Stellung einnehmen. Die Dynamik der Körperhaltung wird durch Linien, Bögen und schattige Flächen im Hintergrund unterstrichen.

Where close representation of texture is not required light and shadow can be shown by alternating empty and chequered areas.

Das Licht- und Schattenspiel kann bei freieren Darstellungen auch durch den Wechsel von leeren und gemusterten Flächen dokumentiert werden.

In color illustrations shadow is depicted through the intense use of color.

Bei farbigen Zeichnungen werden Schatten durch intensiven Gebrauch von Farbe dargestellt.

This illustration was very time consuming. Many hours of drawing were necessary to depict the flower motifs and jacquard design of the balloon skirt.

In diesem Modell stecken viel Arbeit und Ausdauer. Um das Blumendekor und die Jacquardeffekte so darzustellen, muß man viele Stunden am Zeichentisch verbringen.

The jeans character of the bodice is reflected through characteristic, eye-catching top-stitching, while the gossamer quality of the skirt is emphasized through lavish ruffled folds. Pencil.

Der Jeans-Charakter des Oberteils wird durch die typischen, markanten Steppnähte verdeutlicht, die Duftigkeit des Rocks durch die üppig gerüschten Falten unterstrichen. Bleistift.

The tone here is light and relaxed, in keeping with the dress' simplicity.

Entsprechend der Schlichtheit des Modells ist die Darstellung leicht und einfach gehalten.

An illustration produced for the opening of a French week in a department store. The freely draped fabric generates French flair and chic.

Illustration zur Eröffnung einer Frankreichwoche im Kaufhaus. Der frei drapierte Stoff erzeugt französisches Flair und Chic.

The frontal view clearly sets off the dress' geometric cut.

Damit der geometrische Schnitt des Kleides deutlich zur Geltung kommt, wird es frontal dargestellt.

In this artistic illustration the relatively heavy, textured fabric is demonstrated by a roughly outlined reproduction of the fabric's pattern.

Der relativ schwere Wirkstoff des Kleides wird in dieser künstlerischen Zeichnung nur durch eine grob umrissene Wiedergabe des Musters gezeigt.

An artistically freer effect is achieved here through the combination of fine lines and heavy strokes.

Diese Vision eines Abendkleides ist ausschließlich durch den Gebrauch von feinen Linien und kräftigen Strichen entstanden.

In this artistic drawing the dress is only suggested and not drawn completely. The more color used in a certain area, the greater the emphasis given to that area.

Bei der künstlerischen Darstellung wird das Kleid nur angedeutet und nicht mehr ausgezeichnet. Je mehr Farbe eingesetzt wird, desto stärker wird eine Stelle betont.

Here attention is centered on the clear, detailed reproduction of the dress' design. Note, when drawing pleated garments, as an aid, draw a number of lines running from top to bottom, and radiating out toward the bottom.

Hier steht die klare, detailgetreue Wiedergabe des Schnittes im Mittelpunkt. Beim Zeichnen von Plissées ist es hilfreich, einige Linien von oben bis unten durchzuziehen und sie kegelförmig auslaufen zu lassen.

The seams and cut of a streamlined evening dress must be transferred to the figure proportionately. To make the design of the skirt easily recognizable, the folds are drawn more distinctly.

Bei einer körperbetonten Abendrobe werden die Schnittlinien proportional auf die Figur übertragen. Damit der Rockschnitt deutlich zu erkennen ist, werden die Falten klarer gezeichnet.

The leather of the coat is represented through the matte sheen and the horizontal double seam.

Der Ledercharakter des Mantels wird durch den matten Glanz und die querverlaufende Doppelnaht zum Ausdruck gebracht.

The arrangement of the individual pelts is important. First, the soft areas are drawn and then the individual hairs are added painstakingly. A test of patience – but look at the result.

Die Anordnung der einzelnen Pelzpartien ist wichtig. Zunächst werden die weichen Flächen ausgemalt, dann die einzelnen Haare aufgesetzt. Eine wahre Geduldsprobe – aber welch ein Effekt.

Furs have only a few voluminous folds. Everything is held thick and heavy, rounded and soft.

Pelze haben nur wenige voluminöse Falten. Alles ist dicht und schwer, rund und weich.

The depiction of the trenchcoat's luxurious lining is of importance here. The turned back corner of the coat enables the fur lining to be seen. Even without using any color the three materials (fur collar, fur lining, poplin) can easily be differenciated.

Hier kommt es darauf an, auch das edle Innenleben des Trenchcoats zu zeigen. Eine hochgeschlagene Mantelseite gibt den Blick auf das Pelzfutter frei. Obwohl keine Farbe verwendet wurde, kann man deutlich die drei Materialien (Pelzkragen, Pelzfutter, Popeline) voneinander unterscheiden.

Because the fabric used for riding breeches is sturdy, the garments show only a few heavy, thick folds. Felt pen and colored pencil.

Da die Stoffe für Reithosen robust sind, werfen die Modelle nur wenige schwere und dicke Falten. Filz- und Buntstift.

The depiction of plaids demands special care. The number and width of the pattern elements must be the same from top to bottom, unless the cut and drape of the design dictate otherwise. Felt pen and colored pencil.

Besonders große Sorgfalt verlangen Karomuster. Die Anzahl und Breite der Karos darf sich von oben bis unten nicht verändern, es sei denn Schnitt und Fall des Modells verlangten es. Filz- und Buntstifte.

The illustrations of high quality designer clothing may be artistically done. Details are represented more freely, the wiped strokes in the background bring motion into the illustration. Watercolor and pastel chalk.

Bei hochwertigen Designermodellen darf künstlerisch illustriert werden. Details werden freier dargestellt, Wischereffekte im Hintergrund bringen Bewegung ins Bild.

The pattern of the jacket must adjust to every fold. The pattern narrows in depressions and widens on bulges.

Das Muster des Sakkos muß jede Falte nachvollziehen. In der Vertiefung zieht sich das Dessin zusammen, bei Wölbung auseinander.

The garment is illustrated in a combined realistic and artistic manner.

Eine Mischung aus künstlerischer und realistischer Modellwiedergabe.

AccessoireS
ACCESSORIES

Significant Details of the Fashion World

Without them fashion trends could be accentuated only half as well. They are perfect tools to show personal style, to add sophisticated touches or subtle contrasts to your look. Today, accessories are more en vogue than ever before. The key lies in the right dosage. Too much fashion jewelry may look too profuse and spoil your look just as much as too few highlights, which will probably result in a boring appearance. In modern times accessories are a must.

In the past the accessory industry was not always in a state of boom. In Germany the overwhelming jeans wave triggered a crisis. Jeans, as they were worn in the politically active late 60's, the 70's and 80's, were a statement, a way of expressing one's personality, one's ideological stance. Fashionable frills that watered down the message were more or less considered a sin.

Those not wearing jeans also favored a very simple style of dressing. Successful designers like Jil Sander and Giorgio Armani defined "purism" as the major trend of the elegant 80's. "Less is more" became the overruling styling principle and thus almost all accentuating accessories dropped out of sight.

In the second half of the 80's accessories started gaining ground again. The new "combi-trend" became very popular and this led to an increasing demand for the precious details.

Women learned the joy of mixing individual pieces, initiating costume jewlery's regained popularity because the details lend this fashion trend its particular sophistication. From 1987 to 1989 the fashion jewelry business experienced a veritable boom which, as it seems, will consolidate at sound level in the 90's. Yet, even this consolidating period is characterized by a lot of movement. Today quality is in high demand. Consumers choose quality products and are prepared to pay higher prices. In some cases prices are almost comparable to those of genuine jewelry. Due to this tendency a fine, yet not genuine necklace might very well sell for DM 1000.–, a price which would have been inconceivable a number of years ago.

Two of our European neigbors have always cultivated a more relaxed attitude towards fashion jewelry. In Italy where fashion jewelry originally comes from, people have no problems displaying fake glamour and thus accessories have survived all crises. The same is true for France. The French are so deeply in love with their glittering "chi-chi" that Paris has become a famous international trendsetter in the field of fashion jewelry. Innovative collections, crazy novelties – Paris leads the way. Jewelry designers incorporate the main themes of women's outer wear into their work, since in the end everything must fit together harmoniously.

As far as production is concerned, fashion jewelry made for the masses and sold at dumping prices is manufactured in countries with a low wage economy, like Korea for example. Fashion jewelry is then truly an international affair.

Given the variety of accessories, combination possibilities are boundless. In the following the main categories are explained in order to provide fashion students with some basic information and inspiration of how to add interesting details to their sketches.

Jewelry

The love for jewelry is often stronger than financial resources allow. Therefore, the invention of fashion jewelry came as a blessing.

Fashion jewels are much more versatile than their genuine counterparts. In addition to those materials serving to make fake jewels look real very unusual materials are used that have nothing in common with gold or silver, including plastic or pieces of fur.

The place where jewelry is worn, however, has not changed over the centuries. Earrings, necklaces, bracelets, delicate foot chains are favored adornments, as well as brooches which have experienced many comebacks. Bangles and belt chains make the sparkling assortment complete. The golden rule is never to exaggerate, fake jewelry should always look unobtrusive instead of ostentatious and boastful, unless this is intended as part of an eccentric or avant-gardistic style.

Shawls & scarfs

The simpler the dress, the more women rely on textile accessories. The versatility of shawls and scarfs knows virtually no limits. First of all, there are immense possibilities for wearing these textile highlights. Knotted to a handbag they look casual and peppy, as a substitute for a belt they appear sporty. A lightly draped scarf in the décolleté of a dress, blazer, blouse or jacket has a more elegant effect. For a daring "Carmen" outfit the scarf should be wrapped around hips or shoulders. Unforgettable is the 50's and 60's style: famous movie stars in their convertibles with a headscarf wrapped round their head and tied at the back and a large pair of sun-glasses. Broad hairbands that are once again fashionable contributed to a young and fresh look. A scarf rolled around a straw hat adds a breeze of summer to your outfit. Pocket squares are the finishing touch to every man's wardrobe. They have also been discovered by women who wear them filmily in the upper pocket of a blazer.

Another virtue of scarfs & shawls is the large variety of available forms and sizes. Wide shawls, narrow shawls, huge scarfs or tiny bandanas – it all is a matter of taste and application.

The third advantage is the vast selection of prints and colors. Designers of textile accessories reinterpret the season's most typical prints and patterns. Floral, ethnic, graphic and artistic motifs dominant in women's outer wear are then printed on silk, cotton, wool, cashmere or one of numerous material mixes.

Hats

Once an indispensable fashion element, hats are not very popular today. In fashion shows designers, however, use hats literally as "crowning" accessories for their new collections. The stunning models wearing extravagant new hat designs are a pleasure for the audience. Yet, in daily life hats need not be extravagant, but this bit of "bravissimo" tops off the fashion of the 90's quite well. Fashion artists often stylise their sketches by integrating hats. Of course, the cartwheel-sized hats worn in the haute couture world as well as at distinguised horse races are not always appropriate or functional. Straw hats in various sizes and a wide range of colors are ideal summer companions. The "pillbox" as made famous by Jacky Onassis gives a dash of noble pep to more elegant dresses. Wide, veiling gowns as part of the "cocooning" trend enthusiastically hailed by stylists call for bowlshaped, almost brimless hats which are drawn deeply into the face. Sportswear and jeans are ideally combined with perky baseball caps, the visor tilted up. Traditional men's hats lend a more business-like look.

Continued on page 138

This accessories sketch shows part of a window display in detail. For this reason the figure is given a dynamic pose. Watercolor with colored pencil.

Diese Accessoireskizze ist der detaillierte Ausschnitt einer Schaufensterdekoration. Daraus erklärt sich die dynamische Haltung der Figur. Aquarell mit Buntstift.

Draw thinner lines to depict the face than those drawn for the hats.

Für die Darstellung der Gesichter dünnere Linien zeichnen als bei den Hüten.

Belts
Belts are similar to shoes in that they indicate whether a person knows about style. Just as worn heels or unpolished shoes can spoil the most elegant outfit (even an "Armani" suit), a wrongly chosen or inferior belt may ruin the look. As far as functional belts are concerned, good quality, the right color and type of leather are preeminent selection criteria.

Decorative, mostly wide and/or richly embellished belts are highly dependent on fashion trends. Whenever the X-form is en vogue there is a high demand for belts accentuating the waistline, whereas the H-line makes belts superfluous and means selling problems for belt manufacturers.

Bags
These portable containers have become fashionable companions. The right proportions are very important since the size of a bag is decisive for its application. For shopping sprees and everyday use, big "shopper" bags are a perfect choice. Beware, this is important for sketching as these bags are made of soft, unsupported materials which easily show deformations depending on their contents. For a more elegant metropolitan look the "kelly" bag is once again à la mode. Square, with short handles, this classic owes its name to Hollywood actress Grace Kelly and goes particularly well with suits. A very young and sporty appeal is reached with a little pouch attached to the belt. The vast spectrum of geometrical bag shapes – box, round, oval, trapezoid or cone-shaped bags – indicates an unconventional, sometimes avant-gardistic style. Depending on material and design, these handbags fit well with a young and snappy way of dressing or serve to liven up a classic outfit. Portfolios and brief-cases are requisites of the business world.

Gloves
Gloves are an indispensable accessory for an elegant city look, either in black or in colors matching the apparel. Warm or even furred gloves are a helpful protection on cold winter days. Elbow-length gloves make an evening gown look really magnificent. Cycling gloves with open fingers are a young fashion hit, conferring an athletic image.

Shoes
Shoes are a chapter in themselves, which unfortunately we will only be able to skim over here. The same rule applies, however, as for other accessories: shoes can emphasize or charmingly contradict a certain way of dressing. They are reliable indicators for a person's preferred style. For example a simple calflong dress combined with "flats" may appear girlish. Together with linen sneakers the look is very sporty, whereas with high heels the appearance becomes definitely feminine.

Stockings
The prettiest dress produces little effect when worn with the wrong stockings. Color should match the outer wear. For evening wear stockings may have moderate eye-catching trimmings like glittering rhinestone, pearl, gold or silver ornaments. Men's socks should always remain inconspicuous. Solid colors or conservative patterns are an optimal choice. As far as teenagers and children are concerned, "anything goes" – flashy colors and patterns – as long as it's fun!

For more information on accessories please contact:
VERLAGSGRUPPE
DEUTSCHER FACHVERLAG
Mainzer Landstraße 251, 6000 Frankfurt/M. 1

Textured film is used when one wants to work efficiently yet still give the millinery fabric distinction. Black felt pen and textured film.

Strukturfolie wird dann verwendet, wenn man rationell arbeiten, dem Hutmaterial aber trotzdem Charakter geben möchte. Schwarzer Filzstift und Strukturfolie.

Die bedeutendsten Kleinigkeiten der Modewelt

Ohne sie können Modetrends nur halb so gut dargestellt werden. Sie eignen sich hervorragend, um einen persönlichen Stil zu demonstrieren. Mit ihnen kann eine Optik raffiniert akzentuiert oder ausgleichend kontrastiert werden. Die Rede ist von Accessoires. Noch nie waren sie so wertvoll, wie heute. Als Grundregel im Spiel mit den modischen Pretiosen gilt: Die Dosis macht den Look. Ein Zuviel an Modeschmuck kann überladen wirken und die Gesamtoptik genauso zerstören, wie ein Zuwenig, wobei bei Letzterem vor allem die Gefahr besteht, daß es langweilig aussieht. Heute geht die Frau nicht mehr ohne. Das war nicht immer so.
Ein Blick zurück ringt der Accessoires-Branche nur ein müdes Lächeln ab, denn wer blickt schon gerne auf vergangene Zeiten schlechter Umsätze. Schuld an diesem Dilemma der Modeschmuckanbieter war hier in Deutschland die Jeanswelle. Die schlichten Blauen der 68er, 70er bis hin zu den 80er Jahren, waren sich und ihren Trägern selbst Kult genug. Verpönt war jeglicher modische Zierrat rund um den robusten Denim.

Der nicht Jeans tragende Bevölkerungsanteil liebte es damals ebenfalls schlicht. Durch Erfolgsdesigner wie Jil Sander oder Edelkollektionen vom italienischen Designer-Papst Giorgio Armani, hieß das Bekleidungscredo in der eleganten Welt der 80er Jahre Purismus. Das Styling-Motto „weniger ist mehr" fegte nahezu alle akzentuierenden Accessoires von der Bildfläche.

Bessere Zeiten kamen erst in der zweiten Hälfte der 80er Jahre in Sicht. Schrittmacher für diese Aufwärtsentwicklung der Accessoires war die damals aufkommende Kombimode. Der dadurch initiierte grenzenlose Spaß der Frauen am Mixen verschiedenster Einzelteile brachte auch dem Modeschmuck wieder Ruhm und Ehre. Denn gerade die Detailarbeit vermittelt der Kombimode die besondere Raffinesse. Speziell in den Jahren von 1987 bis 1989 erlebte der Modeschmuckmarkt wahre Boomzeiten, die sich nun in den 90er Jahren auf gutem Niveau konsolidieren. Aber auch in dieser Festigungsphase steckt Bewegung. Der allgemeine Zeitgeist verlangt nach mehr Qualität. Daher geht der Verbrauchertrend auch bei Modeschmuck eindeutig hin zu hochwertigen und auch etwas teureren Modellen. Teilweise werden Preise bezahlt, die mit Echtschmuck keine Berührungsängste zu haben scheinen. So manche edle Modeschmuckkette wandert heute im Zuge dieser Entwicklung für 1.000 DM über die Ladentheke; das wäre vor Jahren noch undenkbar gewesen.

Schon immer etwas denkbarer war es indes in zwei unserer europäischen Nachbarländer. Da ist zum einen Italien, das traditionelle Herkunftsland des Modeschmucks. Diese Nation tat sich mit der unechten Pracht schon immer etwas leichter als wir hier in Deutschland. So ist es zu verstehen, daß die Italiener ihre Accessoire-Wiege auch in Krisenzeiten bestens schaukelten. Ebenso die Franzosen. Deren Vorliebe für den „Luxus-Schischi" ist heute derart stark ausgeprägt, daß Paris in dieser Angelegenheit mittlerweile Spitzenreiterposition einnimmt. Aus dem Modemekka an der Seine kommen derzeit die innovativsten Kollektionen und modernsten Trends. Was hier geschieht gilt als richtungsweisend im Modeschmuckmarkt. Die Modeschmuckdesigner ihrerseits orientieren sich an den Trendthemen der Damenoberbekleidung. Schließlich muß die „Kleinigkeit" Modeschmuck nachher zur „Hauptsache" Bekleidung bestens passen.

Der Bedarf an Modeschmuck zu Niedrigpreisen, der dem Massengeschmack entspricht, wird schließlich in Billiglohnländern des Fernen Ostens, wie Korea, abgedeckt. Wie man sieht, ist Modeschmuck eine weltweite Angelegenheit.

Das Feld der Accessoires ist groß und bietet nahezu unendlich viele Kombinations- und Tragemöglichkeiten. Um Struktur in diese geballte Ladung an Spielvarianten zu bringen, sind hier die wichtigsten Produktsparten der Modeschmuckbranche aufgezeigt. Das geschieht auch, um für die Ausgestaltung der Modezeichnung ein Nachschlagewerk und gleichzeitig eine Inspirationsquelle zu bieten.

Schmuck
Die Liebe zum Geschmeide ist oft größer als der Geldbeutel erlaubt. Daher kann die Erfindung des Modeschmucks als wahrer Segen für die weibliche Welt betrachtet werden. Modeschmuck ist weitaus vielfältiger als echter Schmuck. Denn neben den Materialien, die eingesetzt werden, um eine Echtschmuck-Optik zu erzielen, lebt der Modeschmuck stark von den ungewöhnlichsten Materialien, die mit dem klassischen Gold und Silber nichts mehr gemeinsam haben. Vom Plastikchip bis Tierfellstück ist alles erlaubt, was gefällt.

Der Einsatzbereich am Körper ist jedoch klassisch und traditionell orientiert. Wie bei Echtschmuck gibt es hier akzentuierende Ohrringe sowie Hals-, Arm- und Beinkettchen, die nackte Hautflächen dekorativ füllen. Broschen erleben immer wieder ein modisches Comeback. Armreifen und Gürtelketten schließen den Reigen. Grundregel beim Einsatz der unechten Pretiosen: Nie zuviel, auch Modeschmuck soll natürlich wirken und nicht protzig, es sei denn der protzige Stil ist gewollt, was sich aber nur in der jungen avantgardistischen Modeszene erlaubt.

Tücher & Schals
Je schlichter die DOB, desto größer die Liebe der Frauen zum textilen Accessoire. Das Besondere von Tüchern und Schals liegt in ihrer fast unermeßlichen großen Vielseitigkeit. Das fängt mit unzähligen Tragemöglichkeiten an. An die Henkel von Handtaschen geknotet wirken sie lässig und pfiffig. Eine sportive Optik wird vermittelt, wenn sie anstelle eines Gürtels getragen werden. Eleganz wird erreicht, wenn sie duftig in und um's Dekolleté von Kleidern, Blazern, Blusen und Jacken drapiert werden. Ebenso geeignet sind sie für den Carmen-Stil, sie müssen dafür nur um Hüfte oder Schulter geschlungen werden. Unvergeßlich auch die 50er und 60er Jahre, als die großen Filmdiven für die Capriofahrt das Kopftuch von vorne nach hinten banden und dazu Sonnenbrille trugen. Die sportliche und junge Variante dieser Zeit war das breite Haarband, das auch heute wieder en vogue ist. Ein Tuch um Sonnenhüte gewickelt vermittelt einen sommerlich-frischen Touch. Oft verschwindend klein getragen, aber i-Punkt bei der Garderobe der Herren ist das Einstecktuch. Auch das weibliche Geschlecht hat heute eine Vorliebe dafür entdeckt. Von Frauen wird es ganz duftig in die obere Blazertasche gesteckt.

Eine weitere Begabung der Vielseitigkeitstalente Tücher & Schals ist die große Bandbreite der Formen und Größen. Erlaubt ist alles, was die Geometrie erlaubt. Breite Schals, schmale Schals, riesengroße Tücher oder ganz kleine in Nickigröße – je nach Geschmack und Einsatzgebiet.

Der dritte entscheidende Pluspunkt des modischen Variationsreichtums ist die große Skala an verschiedenen Farben und Dessins. Meist inspiriert von den Stoffdrucken der DOB interpretieren die Dessinateure der Tücher und Schals die vorgegebenen Trends neu für die textilen Accessoires. Je nachdem, ob das Motto Florales, Ethnics, Graphics oder Künstlermotive heißt, werden diese Themenvorgaben auf Seide, Baumwolle, Wolle, Cashmere oder einer der unzählig anderen Materialmischungen übertragen.

Hüte

Früher eine Selbstverständlichkeit, heute eine Seltenheit im Straßenbild: Der Hut. Dabei kann gerade dieses im wahrsten Sinn des Wortes „krönende" Accessoire besonders dekorativ eingesetzt werden, was Modedesigner bei der Modenshow ihrer neuesten Kollektion stets zu nutzen wissen. Oft werden hier spektakuläre Hutentwürfe zur Freude der Zuschauer von den Mannequins über den Laufsteg getragen. So ausgefallen muß es für den Alltag nicht sein, aber ein bißchen mehr Mut zum Hut würde auch der heutigen Mode gut zu Gesicht stehen. Speziell von Modezeichnern werden die edlen „Haupt-Sachen" als stilbildendes Mittel in der Zeichnung eingesetzt.

Es müssen ja nicht immer die wagenradgroßen Hüte der Couture oder der Ascot-Ladies sein. Für den Sommer bieten sich Strohhüte in allen Größen und vor allem auch in vielen Farben an – je nachdem, was zur Mode paßt. Für elegante Trageanlässe sind Hüte à la Jacky Onassis, die bekanntlich der sogenannten Pillbox zu Ehren verhalf, der richtige edle Pfiff. Für die weite, verhüllende Mode, die unter dem Stichwort „Cocooning" in den Stilistenbüros Furore machte, passen jene napfförmigen Hüte ideal, die nahezu ohne Krempe gearbeitet, tief ins Gesicht gezogen werden. Der sportswearige und jeansige Look verlangt nach den frechen, unkonventionellen Mützen der Baseballer, die den Schirm frech nach oben gerichtet, für richtig junge Stimmung sorgen. Herrenhüte sind gut für einen strengeren Stil.

Gürtel

Bei den Gürteln verhält es sich ähnlich wie bei den Schuhen, sie geben verräterisch Auskunft über die Qualität des Stilempfindens eines Menschen. Genauso wie abgetretene Schuhabsätze oder ungeputzte Schuhe die Eleganz jeder Garderobe vernichten können (selbst wenn ein Anzug von Armani getragen wird), genauso zerstörerisch kann ein falsch gewählter oder minderwertiger Gürtel für ein Outfit sein. Soviel zu den praktischen Gürteln, bei denen es sehr auf die gute Qualität und die Wahl der richtigen Farbe und Ledertype ankommt.

Die dekorativen, meist breiten und/oder reich verzierten Gürtel leben ein stark von der Mode abhängiges Dasein. Ist die X-Silhouette besonders gefragt, ist dazu das taillenbetonende Accessoire sehr wichtig. In Zeiten einer vorherrschenden H-Silhouette hat es die Gürtelbranche indes sehr schwer, weil das, was Gürtel betonen, nämlich Taille oder Hüfte, von der trendweisenden Silhouette verdeckt wird.

Taschen

Die praktischen Behältnisse sind zu modischen Begleitern geworden. Ganz wichtig sind hier die richtigen Größenverhältnisse. Das Format bestimmt zu einem Gutteil den Einsatzbereich. Für den Stadtbummel, den Einkauf oder tagtäglichen Bedarf ist die großformatige Shoppertasche ideal.

Hier aufgepaßt beim Modezeichnen! Da für diesen Taschentyp weiche unverstärkte Materialien eingesetzt werden, finden beim Tragen starke Verformungen statt, die je nach Tascheninhalt, verschiedenster Art sein können. Für den eleganteren Citylook empfiehlt sich derzeit die Kelly-Bag. Die kantige Kurzgrifftasche, die ihren Namen der Hollywood-Diva Grace Kelly zu verdanken hat, ist ein gelungener Begleiter zum Kostüm. Jung und sportiv dagegen sind Mini-Täschchen, die fest mit dem Gürtel verbunden sind. Ebenfalls jung und sportiv, aber weitaus praktischer, weil größer, sind die Zugbeutel, die auch durch den klassischen Jagdbeutel ersetzt werden können, wenn der Look etwas rustikaler sein darf. Die große Palette der geometrischen Formen – Trapezformen, Boxen, runde oder ovale Taschen oder Tütentypen – signalisieren unkonventionellen bis avantgardistischen Stil. Sie passen je nach Material und Verarbeitung zu junger flippiger Mode, machen sich aber auch gut als auflockerndes Element zur klassisch-eleganten Garderobe. Ein klarer Fall fürs Büro sind indes alle Aktentaschen und -koffer.

Handschuhe

Ein Muß zur eleganten City-Garderobe sind Handschuhe – in schwarz oder farblich auf die Bekleidung abgestimmt. Dicke Handschuhe, eventuell mit Fell gefüttert, sind praktische Accessoires für den Winter und schützen gegen eisige Kälte. Ein Mittel, um eine große Abendrobe noch „größer" erscheinen zu lassen, ist dagegen der lange Handschuh, der bis zur Hälfte des Oberarms reicht. Ein durch und durch sportliches Element stellt der Handschuh der Radler mit halben Fingern dar, der als Accessoire auch in der jungen Mode Einzug gehalten hat.

Schuhe

Das große Thema Schuhe soll hier nur kurz behandelt werden. Auch bei diesem grundlegenden Accessoire gilt das gleiche wie bei den anderen Accessoires: Schuhe können einen Stil unterstreichen oder gekonnt verfremden. Sie eignen sich hervorragend, um die jeweilige modische Gangart ideal herauszustellen. Wird beispielsweise zum einfachen Kleid mit 7/8-langem Rock ein Ballerinaschuh kombiniert, wirkt es mädchenhaft. Ein einfacher Stoffturnschuh, so wie er jetzt in Mode ist, läßt die ganze Erscheinung plötzlich durch und durch sportswearig wirken. Wird dagegen ein hoher Pumps dazu getragen, sieht das Gesamtbild sehr weiblich aus.

Strümpfe

Die schönste Garderobe kommt nicht zur Wirkung, wenn die falschen Strümpfe dazu getragen werden. Bei den Frauen werden Strumpfhosen Ton-In-Ton auf die Oberbekleidung abgestimmt. Speziell für den Abend dürfen die Strumpfhosen auch Blickfang sein: Mit glitzernden Dekorationen aus Straß, Perlen, Gold- oder Silberfäden haben sie ihren Galaauftritt. Bei den Herren heißt die Socken-Devise: Bescheidenheit sei ihre Zier. Gut ist, was nicht auffällt. Mit dezenten klassischen Mustern oder ganz in uni gehalten und farblich auf die Oberbekleidung abgestimmt liegen die Herren der Schöpfung richtig. Für Kinder und Youngster darf es die Socken- und Strumpfmode dann richtig bunt treiben. Da kommt Freude auf.

Wenn Sie noch mehr über Accessoires wissen wollen, dann wenden Sie sich bitte an die
VERLAGSGRUPPE
DEUTSCHER FACHVERLAG
Mainzer Landstraße 251, 6000 Frankfurt/M. 1

The expressive face forms the focal point of this accessories still life. Pencil.

Das ausdrucksstarke Gesicht bildet den Blickpunkt des Accessoires-Stillebens. Bleistift.

The hat appears cut off at the right brim. This accentuates the cocked position of the hat. The effect of matching uniform colors of hat and dress is emphazised by the costume jewelry. Watercolor with colored pencil.

Der Hut ist am rechten Rand angeschnitten. Dadurch wird der schräge Sitz noch mehr akzentuiert. Die Wirkung einer farblichen Einheit von Kopfbedeckung und Kleidung, wird durch den farbigen Modeschmuck noch betont. Aquarell mit Buntstift.

The bright yellow introduced through the flowers must harmonize with the color tones of the hat and face. Watercolor with chalk and colored pencil.

Das durch die Blumen vorgegebene, kräftige Gelb, muß farblich zu den Tönen des Hutes und des Gesichts passen. Aquarell mit Kreide und Buntstift.

A fresh, springlike atmosphere is created by the flowers held in yellow and green hues. Chalk colors are used to bring out the softness of the facial form.

Eine frische, frühlingshafte Stimmung wird durch die Blumen in Gelb- und Grüntönen erzeugt. Mit Kreidefarben wird die Weichheit der Gesichtsform herausgearbeitet.

Especially in Illustrations of accessories it is important to depict plaids in their correct size and direction. For this reason, the original must be carefully studied.

Speziell bei Accessoires müssen Karomuster in der richtigen Größe und mit dem richtigen Verlauf dargestellt werden. Daher aufmerksam das Original betrachten.

The fabric felt is shown to advantage through the soft dents in this classic men's hat. Pencil and screen.

Durch die weichen Beulen in diesem klassischen Herrenhut kommt das Material Filz zur Geltung. Bleistift und Rasterfolie.

The straw texture is depicted by a few lines which stylize the weave. Pencil and grid film.

Die Strohstruktur wird durch wenige Linien, die das Geflecht stilisieren, dargestellt. Bleistift und Rasterfolie.

The face can be overshadowed in order to best bring the hat into the center of attention. Here again the hat is part of a whole arrangement of accessories.
Pencil with film.

Das Gesicht kann auch in den Schatten gestellt werden, damit der Hut optimal zur Geltung kommt. Auch hier ist der Hut wieder Teil eines ganzen Arrangements von Accessoires. Bleistift mit Folie.

Hands in pockets and pants legs rolled up – a casual representation is allowed for nightwear. The softness of the fabric is depicted through the generous folds.

Hände in den Taschen und Hosen hochgekrempelt – Schlafanzüge erlauben eine lässige Form der Darstellung. Durch den großzügigen Umgang mit Falten wird die Weichheit des Stoffes gezeigt.

Note the width and placement of collar, button band and pockets on shirts. Also note the correct direction of the pattern.

Bei Hemden darauf sehen, wie breit und an welcher Stelle Kragen, Knopfleiste und Taschen plaziert sind. Dabei auf den richtigen Musterverlauf achten.

The form and fit of swimsuits and bikinis must be reproduced true to the original. The bath-robe matching the bikini is of course drawn undone to allow a view of the two-piece bathing suit. Pencil.

Form und Sitz von Badeanzug und Bikini müssen originalgetreu wiedergegeben werden. Der zum Bikini passende Bademantel wird selbstverständlich offen gezeigt, um die Sicht auf den Zweiteiler freizugeben. Bleistift.

To draw swimwear it is of great importance to master the anatomy of the body, which in turn enables you to stylize and idealize it expertly. Pencil.

Bei Bademode kommt es darauf an, die Anatomie des Körpers exakt zu beherrschen, um ihn dann gekonnt zu stilisieren und idealisieren. Bleistift.

The smoothness of the shoe leather is demonstrated through the rich play of light and shadow.

Die Glattheit des Schuhleders wird durch reiches Licht- und Schattenspiel dargestellt.

The pattern outlines of patterned stockings are drawn less distinctly in areas onto which light falls.

Bei dessinierten Strümpfen werden die Musterlinien an den Stellen, auf die Licht fällt, weniger deutlich gezeichnet.

Take care that the lines depicting a hat-net curve from back to front. Pencil and screen.

Bei einem Hutnetz muß darauf geachtet werden, daß die Linien des Netzes durch eine Wölbung von hinten nach vorne treten. Bleistift und Rasterfolie.

The legs on illustrations of stockings are idealized and the stockings are drawn as if they were skin. The play of light and shadow is held soft and mild. Pencil.

Bei Strumpfmode werden die Beine idealisiert und der Strumpf wie Haut gezeichnet. Licht- und Schattenspiel sind sehr sanft und weich. Bleistift.

In order to put the leather shoulder-bags truly "into the limelight" pronounced effects of light and shadow were used.

Um die großen Umhängetaschen aus Leder im wahrsten Sinne des Wortes ins rechte Licht zu rücken, wurde mit kräftiger Licht- und Schattenwirkung gearbeitet.

Exclusive accessories speak for themselves. When drawn in detail, matching shoes and handbags need not necessarily be shown with a person (see page 142). Here particular attention is given to the leather petals and a perfect solution found to depict the handbags' straps.

Um exklusive Accessoires darzustellen, bedarf es nicht unbedingt eines Portraits (vgl. Seite 142). Zueinander passende Schuhe und Handtasche wirken für sich, wenn sie detailliert gezeichnet werden. Die Darstellung der aufgesetzten Blätter und der Lederriemen der Handtaschen ist vorbildlich gelöst.

The weave and the reptile structure of the handbag and shoes are sheer labor. First, sketch the basic form and pattern structure, afterward, begin with the detailed drawing. Pencil.

Das Geflecht und die Reptilstruktur der Tasche und Schuhe sind reine Fleißarbeit. Erst Grundform und Musterraster skizzieren, dann mit dem Auszeichnen beginnen. Bleistift.

The quality of the patent leather sections is reproduced most realistically by building up the areas in three tone layers: absolute white, absolute black and gray.

Um den Materialcharakter der schwarzen Lackleder-partien zu treffen, werden die Flächen mit drei verschiedenen Tonhöhen aufgebaut: Absolutes Weiß, absolutes Schwarz und Grau.

One cannot help to be fascinated by the abundant ornamentation of these leather accessories. Feathers, glittering stones and fringes are correctly portrayed, even without the use of color.

Reich verzierte Lederaccessoires, deren Reiz in der Fülle der Ornamente liegt. Federn, funkelnde Steine, Fransen – auch ohne Verwendung von Farbe entsteht eine naturgetreue Wiedergabe.

Elegant women wear high-quality shoes. This illustration appears as luxurious as the products being advertised.

Elegante Frauen tragen edle Schuhe. Die Illustration wirkt so luxuriös, wie die Produkte, für die hier geworben wird.

The variety – not the detail – takes precedence here. Women differ – and for each and every woman a suitable handbag is available.

Die Vielfalt – nicht das Detail – steht eindeutig im Vordergrund. Keine Frau ist wie die andere – und für jede Frau gibt es die passende Handtasche.

ACCESSOIRES

Accessories ask for one another. Elegant hat, matching shawl, fashionable shoes, stylish handbag, decorative leather-belt, matching jewellery etc. …

Ein Accessoire kommt selten allein. Ein eleganter Hut verlangt nach einem darauf abgestimmten Schal, schicken Schuhen, einer modischen Handtasche, einem dekorativen Ledergürtel, passendem Schmuck usw. …

The theme "precious metal" artistically interpreted and vividly varied. Especially brilliant gems, as those in the ring, are portrayed with rays of light.

Das Thema „Edelmetall" wird künstlerisch interpretiert und anschaulich variiert. Bei besonders glitzernden Schmucksteinen, wie am Ring, werden Lichtstreifen gesetzt.

This illustration is meant to create atmosphere. Rather than advertise a specific product it is aimed at the viewer's mood.

Diese Illustration vermittelt in erster Linie Atmosphäre. Hier soll für kein bestimmtes Produkt geworben, sondern beim Betrachter eine Stimmung hervorgerufen werden.

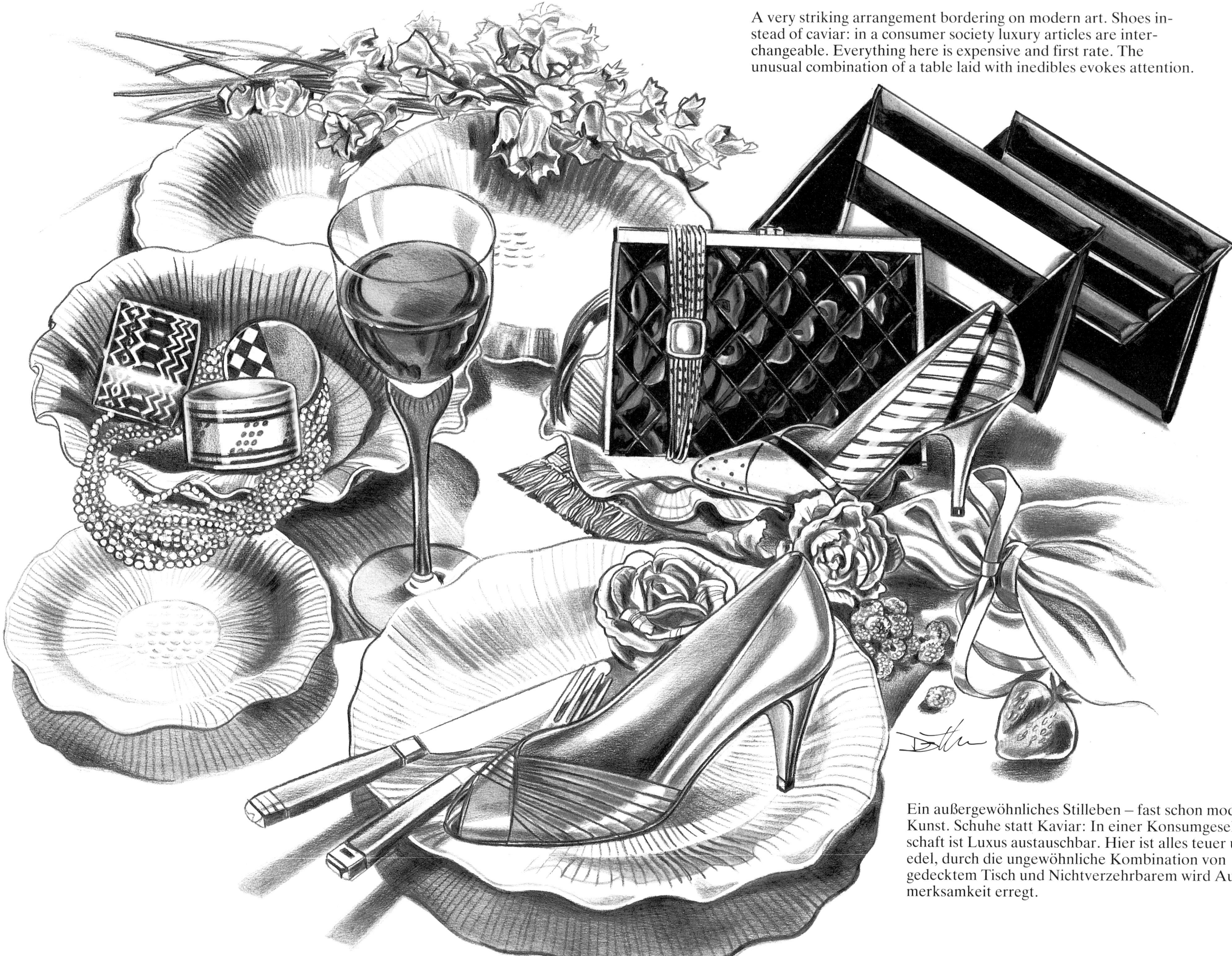

A very striking arrangement bordering on modern art. Shoes instead of caviar: in a consumer society luxury articles are interchangeable. Everything here is expensive and first rate. The unusual combination of a table laid with inedibles evokes attention.

Ein außergewöhnliches Stilleben – fast schon moderne Kunst. Schuhe statt Kaviar: In einer Konsumgesellschaft ist Luxus austauschbar. Hier ist alles teuer und edel, durch die ungewöhnliche Kombination von gedecktem Tisch und Nichtverzehrbarem wird Aufmerksamkeit erregt.

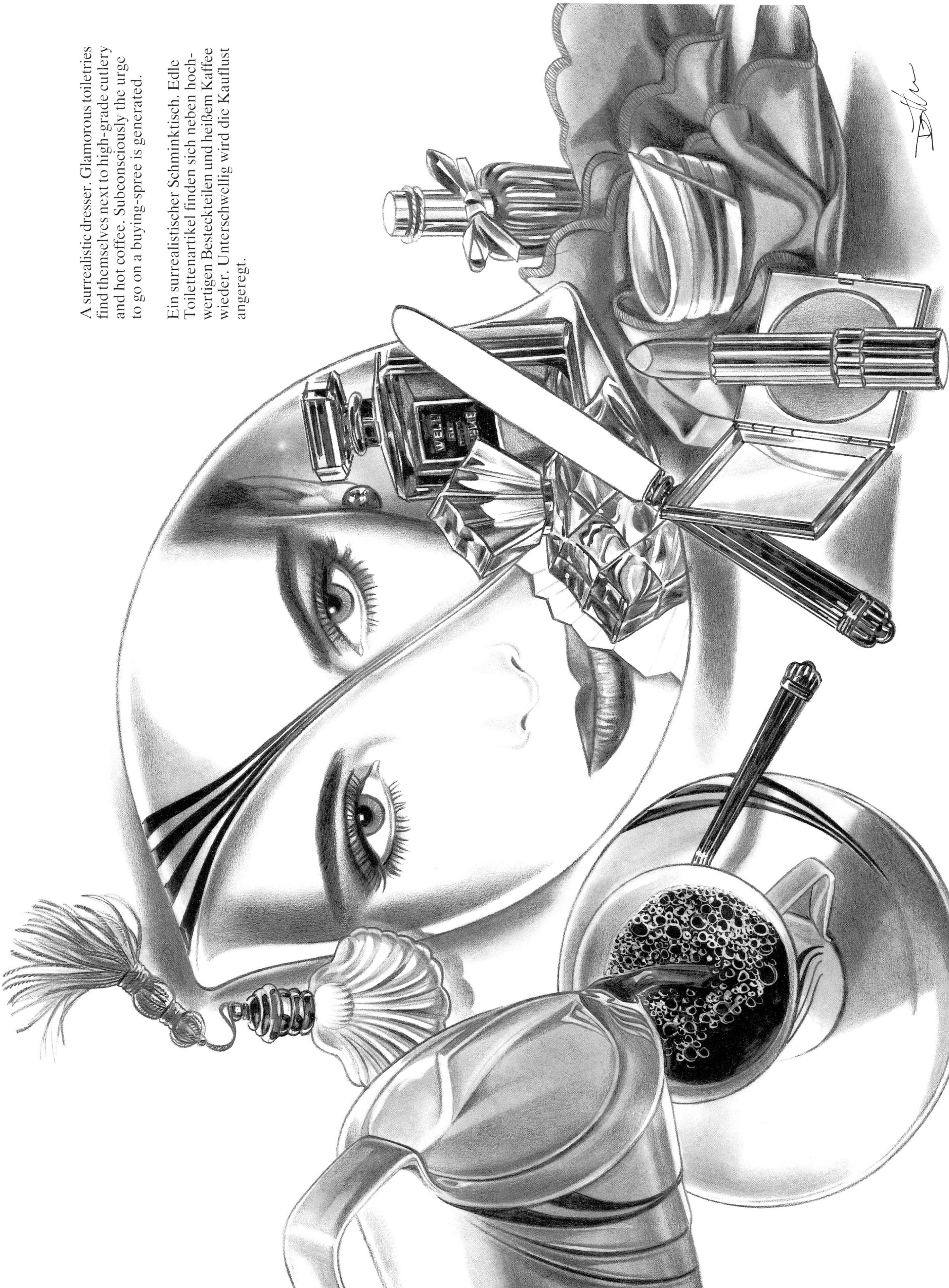

A surrealistic dresser. Glamorous toiletries find themselves next to high-grade cutlery and hot coffee. Subconsciously the urge to go on a buying-spree is generated.

Ein surrealistischer Schminktisch. Edle Toilettenartikel finden sich neben hochwertigen Besteckteilen und heißem Kaffee wieder. Unterschwellig wird die Kauflust angeregt.

This illustration depicting fashionable pants can appear in a catalogue, as an ad or as a poster. Black/white, felt pen and pencil.

Diese Modegraphik zum Thema „Hose“ kann in einem Katalog, als Anzeige oder als Poster erscheinen. Schwarz/weiß, Filzstift und Bleistift.

This is part of an illustration
on lingerie consisting of several pages. Pencil.

Hier handelt es sich um einen Ausschnitt einer mehr-
seitigen Illustration zum Thema Wäsche. Bleistift.

For a still the positioning of the objects is of prime importance. Leaving nothing to chance increases the appearance of an incidental composition. Only close observation reveals how „constructed" an outwardly easy-going layout really is. It is suggested to try several alternatives of placing real objects for optimum results.

Bei einem Silleben ist die Anordnung der Objekte besonders wichtig. Je weniger man dem Zufall überläßt, desto „zufälliger" wirkt das Bild auf den Betrachter. Denn erst beim genauen Hinsehen wird deutlich, wie konstruiert eine betont lockere Komposition tatsächlich ist. Probieren Sie ruhig verschiedene Alternativen mit echten Objekten aus, um das optimale Arrangement zu finden.

Such a collection of accessories can derive a certain order from the use of color: either place similarly colored objects together (bag and glasses bottom left) or opposing each other (blue-green hat top right and belt center).

Eine solche Ansammlung von Accessoires kann durch den Einsatz von Farbe eine gewisse innere Ordnung bekommen. Entweder gleichfarbige Objekte an einer Stelle gruppieren (Tasche und Brille links unten) oder gezielt miteinander korrespondierende Farbpunkte setzen (grünblaue Kappe oben und Gürtel in der Mitte).

A Reference and Textbook also for the Sculptor

What can a book on fashion illustration signify for a sculptor? Definitely more than one would at first think. The standard work by Alois L. Arnold who has established and directed for the Technical School Fashion in Frankfurt for many years also addresses the artist and helps him improve his drawing abilities through self-study. This textbook presented in large format, edited for the second time and well decorated with full page figurative drawings offers a systematic as well as an easily comprehensible manual for nude drawings. At the same time different graphical techniques are demonstrated which the designing artist, whether fashion designer, graphic designer or sculptor, could use to illustrate his ideas effectively.

As a sculptor who has been working figuratively and in stone for more than four decades, I have made the experience that qualified nude drawings and attractive presentations of a design are quite important to be successful. Further, a comprehensive knowledge of the human anatomy is a prerequisite for a clear artistic concept. For critics and jury members of competitions as well as for the private client it is very often important how attractive a design is presented also in its graphic appearance. The reference and textbook of A. Arnold offers many suggestions and tips not only for technical colleges and art academies but also for self-study. An advantage of this book for fashion designers and sculptors is definitely its focusing on the presentation of textiles with their graphic characteristics from different points of view and amply presented in designs of well-known stylists. Usually sculptors and stonemasons who have studied at technical colleges have hardly any experience in nude drawing. Even at art colleges it cannot always be taken for granted that anatomy and figure design is systematically taught. It is therefore not rare for those who are keen on further learning of figurative art to depend on self-study. Although the usual "artistic anatomies" offer lots of anatomic details, the textbook by Arnold focuses on something different i.e. a handy and practical approach to proportions, a systematic cubic layout of the human body and a clarification of the course of movements with their different elements. All of which is garnished with many nude studies including those of children – from a few strokes and the quick sketch to the artistic, detailed drawings, each in a different technique.

Even the part of this textbook which concentrates on fashion is an enrichement to the artist since it deals with different styles in the reproduction of clothing and material. Sculptors and stonemasons must also every now and then create dressed figures and in many cases the fall of folds and their plastic presentation become a problem. In Arnold's textbook valuable hints for systematic styling in an effective graphic presentation are found.

It could be said briefly that this book it is of great use for those who want to improve and perfect their artistic figurative drawing, since courses on nude drawing are quite often a problem and in many cases rely on coincidence in respect to models. In this book nude drawings are advantageously illustrated with a good "normal model" and in a lively variety.

Heinrich Schott, Sculptor in Garmisch-Partenkirchen,
Author of the textbook
"The Sculptural Work – Ideas on Arts"

Ein Lehr- und Fachbuch auch für Bildhauer

Was kann ein Lehrbuch der Mode-Grafik für den Bildhauer bedeuten? Mehr, als man zunächst meinen möchte. Denn das Standardwerk von Alois L. Arnold, dem Gründer und langjährigen Leiter der Frankfurter Mode-Fachschule, wendet sich auch an den bildenden Künstler und seine zeichnerische Schulung im Selbststudium. Dieses schon in dritter Auflage erschienene, mit ganzseitigen figürlichen Zeichnungen ausgiebig geschmückte Lehrbuch im Großformat bietet auch eine systematische – und dabei leicht verständliche – Anleitung zum Aktzeichnen. Zugleich werden verschiedene grafische Techniken vorgeführt, mit denen der entwerfende Künstler – ob nun Mode-Designer, Grafiker oder Bildhauer – seine Ideen besonders wirkungsvoll darstellen kann.

Als Bildhauer, der seit mehr als vier Jahrzehnten figürlich und dabei auch in Stein arbeitet, habe ich die Erfahrung gemacht, wie entscheidend sicheres Aktzeichnen und attraktive Entwurfs-Darstellung für den Erfolg sein können und daß Beherrschung der menschlichen Anatomie Voraussetzung für klare künstlerische Konzeption ist. Für Auslober und Juroren von Wettbewerben, wie auch für den privaten Auftraggeber, ist oft genug ausschlaggebend, wie überzeugend – auch im grafischen Erscheinungsbild – der Entwurf angeboten wird. Arnolds Lehr- und Fachbuch gibt nicht nur für die Fachhochschulen und Akademien, auch zum Selbststudium eine Fülle von Anregungen und Tips. Dabei ist es durchaus von Vorteil, daß in dem Werk die für den Mode-Designer ganz unentbehrliche, aber auch für den Bildhauer nützliche Darstellung der Stoffe und ihrer grafischen Eigentümlichkeiten von vielen Seiten beleuchtet und in Entwürfen bekannter Stilisten ausgiebig gezeigt wird. Bildhauer und Steinmetzen, die von Fachschulen kommen, haben in der Regel nicht allzuviel Erfahrung im Aktzeichnen, ja selbst an Akademien ist systematische Schulung in Anatomie und figürlichem Entwurf durchaus nicht selbstverständlich. So ist mancher, der es im figürlichen Schaffen weiterbringen will, nicht selten auf Übung im Selbststudium angewiesen. Die gängigen Künstler-Anatomien bieten dafür zwar viel anatomisches Detail, aber das Arnold'sche Lehrbuch stellt etwas anderes in den Mittelpunkt: Griffige Faustregeln für die Proportionen, Schematisierung für den kubischen Aufbau des menschlichen Körpers und Verdeutlichen von Bewegungsabläufen in ihren Elementen. Das alles garniert mit vielen Aktzeichnungen – wobei auch der kindliche Körper nicht vergessen ist – von der andeutenden Skizze und dem flotten Entwurf bis zur malerisch ausgeschmückten Zeichnung, jeweils in verschiedenen Techniken.

Selbst der ausgesprochen „modische" Teil des Lehrbuches bietet mit Darstellung ganz verschiedener „Stile" in der Wiedergabe von Kleidung und Stoffen allerlei Anregung auch für den bildenden Künstler. Auch Bildhauer und Steinmetz kommen immer wieder in die Lage, bekleidete Figuren schaffen zu müssen. Oft genug werden da Faltenwürfe und ihre plastische Darstellung zum Problem. Das Arnold'sche Lehrbuch gibt manch wertvollen Hinweis für systematische Stilisierung, noch dazu in wirkungsvoller grafischer Darstellung.

Kurzum: Wer sein künstlerisches, figürliches Zeichnen verbessern und vervollkommnen will, wird zu seinem Vorteil zu diesem Buch greifen. Kurse im Aktzeichnen sind oft ein Problem und von Modell-Zufällen abhängig. In dem Lehrbuch wird Aktzeichnen an einem guten Normal-Modell vorteilhaft und in flotter Vielfalt illustriert.

Heinrich Schott, Bildhauer Garmisch-Partenkirchen,
Fachbuch-Autor:
„Das bildhauerische Werk – Gedanken zur Kunst."

Mode International

Sketching is in again!
Es wird wieder gezeichnet!

The reason for this lies not only in the laws by which everything repeats itself in time, but also in the fact that in the photo-euphoria of the last twenty years, the advantages of the sketch were forgotten.
More illustrative, more topical, more creative and generally more inexpensive – these are the attributes leading us to reach out for charcoal, pencil and Indian ink again today. Black and white is the technique with which fashion details are highlighted and illustrated by way of example. And more topically than is ever possible in a fashion photo. For long before the camera can photograph trend models at fashion shows and trade fairs, their colleagues from the graphical departments have already drawn them. The pencil will always be one step ahead of the camera. Textile trade publications could not exist without fashion sketching and even MODE INTERNATIONAL would not be able to do justice to its task of looking ahead into the fashion future if there were no illustrators.
Finally, fashion sketching offers a maximum range of possibilities for creative design: gags and specific features in the details of the various collections can be highlighted particularly well by overemphasis in sketches. And if colour is added to the picture, fashion sketching provides an even more versatile and – in the positive sense – easily manipulable possibility of presentation.
Even in the classical photo domain of mail order catalogues (the customer wants to see exactly what he has ordered), sketches creep in here and there. And many agencies present their customers with drawn advertisements today. Moreover, a glance towards America has long since shown us:

Der Grund liegt nicht allein in der Gesetzmäßigkeit, mit der sich schon einmal Dagewesenes wiederholt, sondern in der Tatsache, daß in der Foto-Euphorie der letzten zwanzig Jahre die Vorteile von Gezeichnetem untergingen.
Illustrativer, aktueller, kreativer und meist auch billiger – dies sind die Attribute, die heute wieder zu Kohle, Bleistift und Tusche greifen lassen. Schwarzweiß ist die Technik, mit der modische Details hervorgehoben und exemplarisch verdeutlicht werden. Und dies viel aktueller als ein Modefoto jemals sein kann. Denn lange bevor Modefotografen Trendmodelle auf Modeschauen und Messen aufnehmen können, haben ihre Kollegen von der Graphik diese gezeichnet. Der Zeichenstift wird der Fotoaufnahme immer einen Schritt voraus sein. Textilwirtschaftliche Fachpublikationen kämen ohne Modegraphik nicht aus, und auch MODE INTERNATIONAL würde ihrer Aufgabe, einen Blick in die Modezukunft zu werfen, nicht gerecht – gäbe es keine Illustratoren.
Schließlich bietet die Modezeichnung ein Maximum von Möglichkeiten kreativer Gestaltung: Gags und Besonderheiten im Detail der jeweiligen Kollektionen lassen sich durch zeichnerische Überbetonung besonders gut ins rechte Licht rücken. Kommt noch Farbe hinzu, bietet die Modezeichnung umso mehr eine vielseitige und – im positiven Sinne – leicht manipulierbare Darstellungsmöglichkeit.
Sogar in die klassische Fotodomäne der Versandhauskataloge (der Kunde möchte ganz genau sehen, was er bestellt) schleicht sich hier und da Gezeichnetes ein. Auch viele Agenturen präsentieren ihren Kunden heute gezeichnete Anzeigen. Ein Blick nach Amerika hat uns übrigens längst gezeigt:

Sketching is in again!
Es wird wieder gezeichnet!

Conclusion

In conclusion I have to emphasize once again that in fashion sketching success may only be reached through an untiring desire for self-improvement. Only a continuous effort will lead you to your goal.
Practice and practice again is the golden rule.
Work with live models as often as you can. Use your family members, go to the swimming pool, wherever you can sketch use the opportunity!
Your sketching pad should be your constant companion. For: "Only practice makes perfect."

Schlußwort

Zum Abschluß dieses Buches soll nun noch einmal gesagt sein, daß man auf dem Gebiet der Modegrafik nur durch Ausdauer, einem nimmermüden Beobachten und Arbeiten an sich selbst, weiterkommen kann. Nur ein ständiges Bemühen, die eigene Leistung zu verbessern, kann zum Ziele führen.
Üben und immer wieder üben, heißt das Stichwort für jeden, der ein guter Zeichner werden will.
Man arbeite, so oft es geht, auch nach lebenden Modellen. Familienangehörige oder Freunde werden vielleicht bereit sein, Modell zu stehen. Im Sommer gehe man in ein Freibad. Dort findet man reichlich Gelegenheit, sich im Skizzieren zu üben.
Der Skizzenblock sollte ein ständiger Begleiter sein. Denn nur Übung macht den Meister.